共有する子育て

沖縄多良間島の
アロマザリングに学ぶ

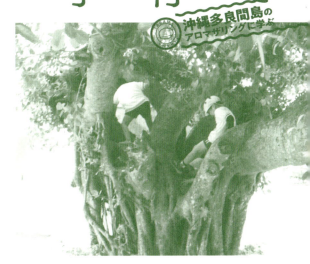

根ヶ山光一
外山紀子
宮内 洋 編著

金子書房

まえがき

　多良間島は沖縄県宮古郡に属する南海の離島である。その多良間島と水納島とからなる多良間村は，2000年の国勢調査で合計特殊出生率が全国一高い自治体（当時3.14）として，注目を浴びたこともある。

　沖縄の各地に昔からみられた「守姉（ムリアニ，もりあね）」（主として少女による子どもの世話の風習）は，単なる個人による個人の世話ではなく，家族ぐるみの相互交流を含む豊かなアロマザリング（allomothering：母親以外による養育）である。周辺の多くの島ではかつて存在していたこの風習が今では消滅しているなか，多良間島は現在もそれが息づいているという点でユニークである。

　1972年の沖縄の本土復帰を境にして子どもをめぐる環境も多面的に大きく変貌した。このような変化の波にもまれながら，多良間島の子育ては大きく変容してきた。守姉も時代の変遷に応じて大きく変貌し，往時の形態は，ほぼ失われて高齢者の記憶にのみ留まっているのが現状である。この時点において，目まぐるしい変化と現状を聞き取りや質問紙，行動観察などを通じてていねいに記録・分析し，その成果をつきあわせて総括することにはかけがえのない歴史的な意義がある。そして，日本だけでなく世界の子育てを考えるうえで示唆するところも極めて大きいと考える。

　編者たちの研究グループはそのような問題意識をもとに，2013年度から3年間，文部科学省の科学研究費の助成を受けて集中的に島の子育てについて研究を続けてきた。本書の1〜4章（1部）と5〜8章（2部）は，本研究グループの共同研究者たちがそれぞれのテーマでその成果をまとめた本論と，本研究グループ以外の専門家がそれを評価し今後の課題を示唆したコメントから構成されている。1部と2部には小括を設けた。さらに，3部では日本を代表する2名の発達心理学者に1部と2部をふまえたうえで子育ての現状を論じていただいた。

　本書が日本の子育てがいつの間にか知らず知らずのうちに陥ってしまっている落とし穴に気づかせ，その解決へと導いてくれる道標となれば幸いである。

編　者

目　次

まえがき　i

序章　アロマザリングと多良間島　　　　　　　　根ケ山光一　2

1部　アロマザリング——守姉という子育ての役割　9

1章　守姉行動とはどういうアロマザリングか
　　　　　　　　　　　　　　　根ケ山光一・石島このみ・川田　学　10
はじめに　10
1節　〔研究1〕守姉関係の聞き取り調査　10
2節　〔研究2〕守姉行動の追跡観察の事例　13
　　(1)　守姉行動の撮影　14
　　(2)　守姉行動の定量的検討　18
　　(3)　考察　20
3節　総合考察　21

　社会的文脈のなかでの子どもによる乳幼児の世話　　箕浦康子　25

2章　「風習」として受け継がれた子守の形
　　　　　　　　　　　　　　　白石優子・石島このみ・根ケ山光一　28
はじめに　28
1節　3つの子守　28
2節　多良間島における守姉の実態　29
3節　それぞれの守姉　31
　　(1)　ウットゥとして　Kさん（60代男性）　31

(2) 子守を頼む母として　Mさん（50代女性）　35
　　(3) 守姉として子守をしたOさん（40代女性）　38
　　(4) ダキィアンナとして　Rさん（40代女性）　40
　　(5) 4人の語りから見えてくるそれぞれの「守姉」　42
おわりに　43

| 2章への
コメント | 姉の力　　　　　　　　　　　　　　　　　　　　　落合恵美子　45 |

3章　保育所の設立と守姉：その歴史的関係をさぐる　　川田　学　48
はじめに　48
　1節　子育ての手　48
　　(1) 2月の島　48
　　(2) 子育ての手の変容　48
　2節　1979年：保育所の設立とその時代　50
　　(1)「幼稚園2年保育」から「保育所」へ　50
　　(2) 3歳未満児と3歳以上児　52
　3節　保育所と守姉　53
　　(1)「守姉から保育所へ」？　53
　　(2) 無視できない「子ども－大人比」　55
　　(3) 子育ての手の質と女性のライフサイクルの変容　56
　4節　2000年：子育ての変容と保育所のチャレンジ　57
　　(1) 実践としての保育所　57
　　(2)「子育ての島」の時代　59
おわりに：人の育ちにおける〈守姉的なるもの〉とは　61

| 3章への
コメント | 異質な二つの子育ち支援の視点から
――21世紀後半からの人間生活を見通して　　金田利子　63 |

4章　大人がいだく子ども像　　石島このみ・白石優子・根ケ山光一　66

はじめに　66
1節　調査・分析概要　67
2節　東京と多良間における子育ての様相　67
　　(1) 何人の，どのような人から世話をされたのか　67
　　(2) きょうだいではない子どもの世話の経験　68
　　(3) 子どもの世話経験が少ない東京の養育者　70
　　(4) 子どもによる子どもの世話の可能性と子ども像の問題　71
3節　多良間と東京における大人がいだく子ども像　72
　　(1) 大人がいだく子ども像：その社会文化規定性　72
　　(2) 多良間と東京の大人がいだく子ども像　72
　　(3) 大人がいだく子ども像の比較からわかること　76

| 4章への コメント | 社会の特徴と子育て　　　　　　　　　　　　高田　明　79 |

1部小括　「守姉」からみえたもの　　　　　　　　　外山紀子　82

2部　豊かで多様なネットワークのなかにある子どもの育ち　85

5章　保育所の食事場面にみる子どもと大人　　外山紀子　86

はじめに　86
1節　食と人間関係　86
　　(1) 浄・不浄　86
　　(2) 汚さと親しさ　88
2節　食の共有　89
　　(1) 島の保育所　89
　　(2) 昔からの知り合い　91
　　(3) どこにあったものを，何を使って食べるのか　92

3節　かかわり方のスタイル　94
　　(1) 子どもと大人の関係　94
　　(2) 調整的かかわり　95
　　(3) 先読みと見守り　96
おわりに　97

| 5章への コメント | 子どもの育ちと環境　　　　　　　　　　今田純雄　99 |

6章　幼稚園児の生活：降園後の行動を中心に　　宮内　洋　102
はじめに　102
1節　多良間島における幼稚園児　102
2節　〈生活－文脈〉理解型フィールドワークという方法　105
3節　一人の幼稚園児（女児）の一日の行動　106
おわりに　111

| 6章への コメント | 幼稚園児の降園後の生活　　　　　　　　　無藤　隆　113 |

7章　就学前の子どもの対人的かかわり　　小島康生　116
はじめに　116
1節　子どもの世界，大人の世界　116
　　(1) 大人と子どものはざま　116
　　(2) "同年齢"でまとめられた子どもの日常　117
　　(3) 人文地理学からの示唆　117
2節　都市部の子どもの対人的かかわり　118
　　(1) 母子の外出行動　118
　　(2) 対人関係の作りにくさと"その場"性　119
3節　多良間島の子どもの対人的かかわりの発達　120
　　(1) 子どもの生活　120

- (2) 調査のあらまし　121
- (3) 0，1歳児の子どもの対人関係　121
- (4) 幼稚園の子どもの対人関係　125

4節　多良間の子どもの目の前にはどんな世界がひらけているか　127

| 7章への コメント | 子どもの対人的関係の形成　　　　　　　　　　住田正樹　131 |

8章　幼稚園児と小学生のソーシャルネットワーク
近藤清美・山口　創　134

はじめに　134

1節　多良間島で行われる研究の意義　134

2節　多良間島と東京都の子どもたちのソーシャルネットワークの比較　136
- (1) ソーシャルネットワークの調査　136
- (2) 子どもたちのソーシャルネットワークの差異　138
- (3) アタッチメントの安定性と自尊感情，社会性，身体接触の頻度の調査　142
- (4) 子どもたちの問題行動と向社会性　144

3節　多良間島でのソーシャルネットワーク研究の寄与　145

| 8章への コメント | ソーシャル・ネットワークをどうとらえるか　　　　高橋惠子　148 |

2部小括　点のみのネットワークと面状に広がるネットワーク
宮内　洋　152

3部　離島の子育てを見つめる視点がもたらすもの　157

9章　社会・経済とアロマザリング
内田伸子　158

1節　根ケ山プロジェクトが照らし出した子育ての本質　158

(1) 「守姉」による伝統的アロマザリング　158
　　(2) 施設型の制度的アロマザリング　159
　　(3) 幼児期から児童期へ——ソーシャルネットワークの広がり　159
2節　都市の子育ての問題　161
　　(1) 子育て個人化の時代　161
　　(2) 子どもが忌避される時代　163
　　(3) 児童虐待が急増した陰にある貧困問題　163
3節　親の貧困は子どもの育ちや学びに影を落とす　164
　　(1) 家庭の経済事情は子どもの学力とどのように関連するか　164
　　(2) しつけスタイルのちがいは母子のコミュニケーションにどのように影響するか　166
　　(3) 子育てを問い直す——「子ども中心の保育」と「共有型しつけ」のススメ　166

おわりに：多良間島の研究からの示唆　167

10章　子育て文化とアロマザリング　　　　　　　　　　　陳　省仁　170
はじめに　170
1節　子育ては文化　170
2節　子育ての問題の今昔　171
3節　「発達のニッチ」(developmental niche) という概念　172
4節　子育てシステムの持続可能性と養育性の形成　174
5節　アロマザリングと養育性の形成　176
6節　養育性の形成とそれを持続させるシステム　178
7節　養育性の形成と「赤ちゃん先生」　179

あとがき　根ケ山光一　183

　　　　　　　　　　　　　　カバー・本文写真　根ケ山光一／装幀　岡田真理子

共有する子育て

沖縄多良間島のアロマザリングに学ぶ

序章
アロマザリングと多良間島

根ケ山光一

ヒトのアロマザリング

　本書を貫く一番のキーワードは「アロマザリング」である。母親以外による養育という意味であるが，アロケアやアロペアレンティング，あるいは「代替的ペアレンティング：substitute parenting」(Bentley & Mace, 2009) といわれることもある。複数の個体による養育という側面を強調したいときには「協力的養育：cooperative breeding」や「共同ケア：shared care」と呼ばれたりもする。

　こういった母親以外の個体による幼体への世話行動は，古くは1960年前後から霊長類，とくにオナガザル上科において報じられているが（McKenna, 1979），人類学でこの問題に注目したものに Tronick ら (Tronick, Morelli & Winn, 1987) によるエフェ (Efe) 族（ピグミー）の調査がある。彼らは子育てにおいて，特定の個人（典型的には母親）が持続的に世話と接触を行い，授乳も頻回に見られることを前提にした生物学的な「持続的な世話と接触 (CCC, continuous care and contact) モデル」と，その場の動機づけや文化的な信念・慣習，居住環境など多様な要因が子どもと養育者間の行動のやりとりを規定し，そのやりとりによって発達が構成されると考える「養育者－子ども間の戦略 (caretaker-child strategy) モデル」を想定した。そして前者のモデルが Bowlby や Blurton-Jones らの考えに近いのに対し，エフェ族の育児は後者のモデルにより適合するとした。その後 Hrdy (2009) は，アロペアレンティングの生物学的機能を指摘したが，その背後には，育児が母親にとって負担の大きな行為であり，遺伝子を共有する複数の個体で育児を分担することに繁殖上のメリットがあるとする社会生物学的な考え方が横たわっている。

　ヒトはとくに子どもの未熟性，子ども期の長期化，異なる年齢の子どもの並行育児のために育児の負担がことさら大きく，したがって多くの親性投資を必要とする (Kramer, 2010；Sear, 2016)。実際に，母方の祖母や母方の叔母，

あるいは年長のきょうだいなどがよく子どもの世話をすると報告されている (Pashos & McBurney, 2008；Scelza, 2009；Sear & Mace, 2008)。Sear & Mace (2008) は，子どもの死亡率という指標に焦点化して，血縁者の存否がそれとどう関連するかを文献資料から調べた（表0-1）。その結果，子どもの生存にとって母親が重要な意味をもっているが，祖母（とくに母方）やきょうだいの存在も生存にかなり貢献していること，それに比べると父親の貢献度は低めであることなどが明らかにされた。母親だけではなく，子どもの周囲にいるさまざまな血縁者によるアロマザリングが子どもの生存にとって有益な役割を果たしていることを強く示唆するデータであろう。

この Sear & Mace のデータは，血縁者の存在が子どもの死亡率とどう関連するかということで，生物学的に重要な示唆ではあるものの，アロマザリング

表0-1 血縁者が子どもの生存に及ぼす効果 (Sear & Mace, 2008)

	統計的に妥当性のあるデータ				補助的データ				合計			
	研究数	正の効果	負の効果	効果なし	研究数	正の効果	負の効果	効果なし	研究数	正の効果	負の効果	効果なし
母親	16	16(100)	0	0	12	12(100)	0	0	28	28(100)	0	0
父親[a]	15	7(47)	1(7)	8(53)	7	0	0	7(100)	22	7(32)	1(4)	15(68)
母方祖母	11	7(64)	1(9)	3(27)	2	2(100)	0	0	13	9(69)	1(8)	3(23)
父方祖母	15	9(60)	2(13)	4(27)	2	0	0	2(100)	17	9(53)	2(12)	6(35)
不特定祖母	3	1(33)	0	2(67)	0	0	0	0	3	1(33)	0	2(67)
母方祖父	10	2(20)	0	8(80)	2	0	0	2(100)	12	2(17)	0	10(83)
父方祖父	10	2(20)	3(30)	5(50)	2	1(50)	0	1(50)	12	3(25)	3(25)	6(50)
不特定祖父	2	0	1(50)	1(50)	0	0	0	0	2	0	1(50)	1(50)
年長きょうだい	6	5(83)	0	1(17)	0	0	0	0	6	5(83)	0	1(17)

カッコ内はパーセンテージ
[a] 足して100％を超えるのは，ある研究で父親の存在が息子には正の効果を，娘には負の効果を生んでいたため

表0-2 エフェ族の乳幼児が単独でもしくは他の社会的パートナーと接触して過ごす時間のパーセンテージ（Tronick, Morelli & Ivey, 1992）

スコア	5か月 平均	SD	8か月 平均	SD	12か月 平均	SD	24か月 平均	SD	36か月 平均	SD
単独行動										
合計	0.1	0.2	6.6	7.3	8.2	3.2	13.0	2.8	15.8	4.1
社会的接触										
合計	95.9	2.7	89.6	8.9	70.5	6.9	63.5	4.9	63.2	7.1
母親	49.4	14.9	62.9	18.8	49.0	13.7	28.1	10.2	21.3	8.5
父親	6.0	7.9	3.0	5.2	11.3	5.1	12.1	10.2	8.8	8.9
大人	17.6	9.2	15.9	15.7	27.5	16.0	20.6	24.8	25.8	19.5
子ども	29.1	12.3	23.3	17.4	39.2	11.7	52.9	30.3	62.4	21.4
大人平均	4.2	2.5	4.8	5.1	8.4	4.3	4.7	3.2	6.1	4.3
子ども平均	9.4	9.1	4.8	4.6	11.0	3.4	13.3	5.3	17.5	10.1
大人の数	1.9	1.2	1.7	1.6	3.5	1.2	3.3	1.9	4.0	1.9
子どもの数	2.3	1.3	2.9	1.5	3.7	1.0	3.9	1.3	4.0	1.6

注　総和が100でないのは同時に複数のパートナーがいるため

としては間接的な情報である。一方，Tronick, Morelli & Ivey (1992) は，フィールドでの行動観察を通じて，エフェ族の5か月齢から36か月齢までの子どもが誰と社会的接触をしていたかを調べた（表0-2）。母親への接触は，高頻度であるが徐々に減少していた。父親は母親に比べると接触頻度がはるかに低く，かつ発達的な変化もなかった。他方，子ども（1～15歳）との接触は漸増傾向にあり，2歳時点では母親を凌駕していた。成人（15歳より上）との接触も，子どもの場合ほど高くはないが父親よりも多くかつ年齢とともに微増していた。子どもによる接触頻度の高いことは，守姉を考察するうえでも示唆に富むものである。

　ヒトは離巣性でありながら未熟で生まれるため，「離れつつ保護する」という育児形態を発達させてきた（根ケ山，2002）。投資を母親個人ですべて引き受けるのではなく，このように他個体の協力によって行おうとするのがヒトの育児の特徴である。しかしながらその母子分離を実現するのは，実は他者の存在だけではなく，さまざまなモノやシクミもそこに参与している。ヒトの育児はアロマザリングという点において文化的多様性に富むが（箕浦，2010），その多様性はこういったモノ・ヒト・シクミのネットワーク構造のなかに位置づ

けて考察されなくてはならない。そのような複合的・重層的なアロマザリングシステムをなしているのがヒトの育児の特徴といえる。

多良間島の育児

　Sear (2016) は，ペアレンティングにおける母親の役割のみを過度に強調することは，心理学が西洋中産階級のWEIRD (Western, Educated, Industrialized, Rich, Democratic；Henrich, Heine & Norenzayan, 2010) 社会に依拠しすぎてきたせいだと批判する。それはTronickら (1987) にならえば，CCCモデル側に歪んだ育児観だといえよう。表0-1，表0-2からも明らかなように，文化比較研究は育児が多様性に富む営みであることを示している。

　本書の諸研究が行われた舞台である多良間島は，母親以外の人たちが豊かに子育てにかかわることを特徴とするアロマザリングの島である。十余年前に島に初めて足を踏み入れて以来，それは不変の印象である。そのなかでもとくに私の関心を引くのは，「守姉（ムリ ｐ アニ）」（幼少の子どもを世話する子ども〈おもに少女〉，もしくはその少女による子どもの世話の風習のことをさす）である。それがこの島の豊かなソーシャルネットワークの基盤になっていると思われたのだ。その思いは『アロマザリングの島の子どもたち：多良間島子別れフィールドノート』（根ケ山，2012）としてまとめられた。

　その本の出版に続き，私は問題意識を共有する研究者とともに，多良間島における守姉をめぐる問題を追究する目的で，科研費の共同研究を企画・実施した〔2013～2015年度文部科学省科学研究費補助金基盤研究 (B) （研究課題番号25285186）「離島におけるアロマザリングの総合的研究：守姉の風習を中心に」代表：根ケ山光一〕。本書は，その研究に携わった者たちが多良間島の守姉に多面的な分析のメスを入れ，それをもとにして，①地域の広がりのなかで多良間島の親はいかなる選択をしているか，②多良間島の子どもたちはどういうつながりのなかで育ちどうつながりを支えていくのか，さらに③守姉を含めた子育ての仕組みがどのように変遷してきているか，といったことの解明を通じて，④ヒトの子育てにとって大切なものは何か，という本質に迫ろうとする試みである。

　守姉が土着的な地域密着型の民間伝承的アロマザリングであるのに対し，保

育所は島に新たに導入された施設型の制度的アロマザリングであり，両者は拮抗的関係ともなりうるし，相補的関係ともなりうる。小学校の教育制度もまた，勉強やサークル活動などによる子どもの囲い込みという意味では守姉と拮抗的でありうる。

多良間島には保育所以外に幼稚園・小学校・中学校がそれぞれ一つずつ存在するが，高校以上の教育施設はない。保育所から中学までのすべてが一施設ずつであり，それらが徒歩圏内にあるということは，親の選択がシンプルで，かつ地域のなかの子どもの姿が一望できるということである。地域には，守姉以外にもアロマザーたり得る異なる性・年齢・血縁関係の他者も存在している。これは都会の環境とはちがう多良間島の特徴である。

かつて守姉という風習は沖縄の各地に存在していたが，急速に姿を消しつつある（具志堅，2013）。そのなかにあって多良間島は，それがさかんに行われていた頃の記憶をもった高齢者が健在であり，またその風習がかろうじて現存するという意味でも貴重なフィールドである。この本は，そのような守姉行動を含む多様なアロマザリングの場である多良間島の研究を通じて，本土の子育てを見つめ直すきっかけとなるであろう。

引用文献

Bentley, G. & Mace, R. (Eds.) (2009). *Substitute parents: Biological and social perspectives on alloparenting in human societies.* New York: Berghahn.

具志堅邦子（2013）．守姉という存在．沖縄国際大学大学院地域文化論叢，15, 45-63.

Henrich, J., Heine, S. J. & Norenzayan, A. (2010). The weirdest people in the world? *Behavioral and Brain Sciences, 33,* 6-135.

Hrdy, S. B. (2009). *Mothers and others: The evolutionary origins of mutual understanding.* Massachusetts: Harvard University Press.

Kramer, K. L. (2010). Cooperative breeding and its significance to the demographic success of humans. *Annual Review of Anthropology, 39,* 417-436.

McKenna, J. J. (1979). The evolution of allomothering behavior among Colobine monkeys: Function and opportunism in evolution. *American Anthropologist, New Series, 81,* 818-840.

箕浦康子（2010）．アロマザリングの文化比較．根ケ山光一・柏木惠子（編著）ヒトの子育ての進化と文化――アロマザリングの役割を考える（pp.97-116）．有斐閣.

根ケ山光一（2002）．発達行動学の視座．金子書房.

根ケ山光一（2012）．アロマザリングの島の子どもたち．新曜社.

Pashos, A. & McBurney, D. H. (2008). Kin relationships and the caregiving biases of grandparents, aunts, and uncles. *Human Nature, 19,* 311-330.

Scelza, B. A. (2009). The grandmaternal niche: Critical caretaking among Martu Aborigines. *American Journal of Human Biology, 21,* 448-454.

Sear, R. (2016). Beyond the nuclear family: An evolutionary perspective on parenting. *Current Opinion in Psychology, 7,* 98-103.

Sear, R. & Mace, R. (2008). Who keeps children alive? A review of the effects of kin on child survival. *Evolution and Human Behavior, 29,* 1-18.

Tronick, E. Z., Morelli, G. A. & Ivey, P. K. (1992). The Efe forager infant and toddler's pattern of social relationships: Multiple and simultaneous. *Developmental Psychology, 28,* 568-577.

Tronick, E. Z., Morelli, G. A. & Winn, S. (1987). Multiple caretaking of Efe (Pygmy) infants. *American Anthropologist, New Series, 89,* 96-106.

1部
アロマザリング

守姉という子育ての役割

追い込み漁の体験学習の指導役をつとめる
お父さんとその指導を受ける子どもたち

1章
守姉行動とはどういうアロマザリングか

根ケ山光一・石島このみ・川田 学

はじめに

　本章では，多良間島を特徴づける守姉という少女による子守について，子守をする少女を「守姉」，子守の対象となる子どもを「守子」，守姉の守子に対する行動を「守姉行動」，守姉行動をする・される関係を「守姉関係」としたうえで，守姉がどのようなものかについて，聞き取り（研究1）と実際の行動観察（研究2）による調査結果を紹介し考察する。

1節 〔研究1〕 守姉関係の聞き取り調査

　一般に守姉関係はどのように血縁関係と関連するのであろうか。それを明らかにする目的で，第1著者が聞き取り調査を行った。その結果から話を始めよう。

　この研究では，子育てを終えた女性8名（年齢：45〜78歳）に，自身のきょうだいおよび子どもの範囲に限定して，その人たちが誰の守姉となったか，また誰から守姉行動を受けたかを個別に聴取した。図1-1は，そのうち60代と70代の2名（〇）について聴取した血縁関係と守姉関係（二重線の矢印で表記）の実際で，たまたま2人の血縁関係に婚姻によるつながりがあったため，ひとつの図にまとめてある。図の〇は女性を△は男性を表し，曲線は遠縁（隔たりが大きくインタビューで具体的な続柄が口述されなかったもの）であること，●（女性）▲（男性）は非血縁者（知人や隣人）をそれぞれ意味する。また破線の矢印はきょうだい間での世話がみられた関係を示している。なお，ここでの守姉関係は，聞き取りを受けた本人とそのきょうだい・子ども（図ではグレーの記号で表されている）に限定して表記しており，それ以外の守姉関係については問うていない。

　この図をみればわかるように，60代以上の女性2名とそのきょうだいと子ど

1章　守姉行動とはどういうアロマザリングか

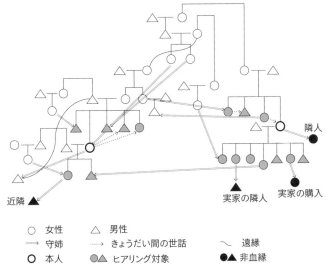

○ 女性　　△ 男性
⟹ 守姉　　⋯⋯ きょうだい間の世話　　～ 遠縁
◎ 本人　　◉▲ ヒアリング対象　　● ▲ 非血縁

図1-1　守姉行動の発現した血縁関係の事例

もに限定しても，相当数の守姉関係が結ばれていたことがわかる。さらに，守姉関係は血縁のある個人同士にみられる傾向があった。ただしその傾向は女性の子世代が守姉行動を受けるところまでのことであり，子世代が成長して守姉となる場合には非血縁の隣人に向けてというケースが多くなっている。守姉関係の時代的推移を物語るものであろう。

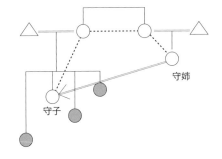

図1-2　架空の守姉関係における血縁の隔たりのカウントのしかた

次に，そのようにして得られた情報をもとに，守姉関係にある2人にどの程度の血縁の隔たりがあるのかについて，親子・きょうだいともに1回のパス（図1-2，破線で表示）として，そのパスの総和を計算した（1回のパスは行動生態学でいうところの遺伝子の共有率＝血縁度0.5に等しい）。図1-2の架空例だと，守姉と守子が3本の線でつながっているので3パス（血縁度0.5の3乗＝0.125）となる。

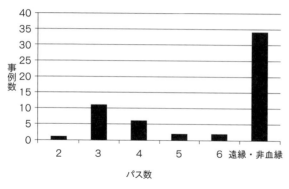

図1-3 守姉関係の血縁の隔たりの分布

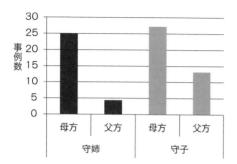

図1-4 守姉関係のパスを仲介する守姉・守子の親の性別

そのような方法で血縁の隔たりを計算すると、守姉関係は図1-3のような間柄においてみられていたことがわかった。守姉関係にはピークが2つあって、ひとつは3パスのところ、もう一つは遠縁もしくは非血縁のところであった。3パスとは図1-2のようにいとこ同士の関係を意味しており、その程度の血縁の隔たりが多いということになる。遠縁・非血縁とは、血縁者というよりもおもに知人や隣人など（の子ども）の関係であって、研究2で紹介する守姉関係事例もこのカテゴリーに属する。

さらに、血縁関係が具体的にわかる守姉関係だけに限定して、それが守姉・守子のそれぞれ母方のつながりか父方のつながりかを調べてみた。結果は図1-4に示したように、守姉関係を成立させているのは圧倒的に母方のつながりであったことがわかる（守姉側の母方父方差は統計的に有意）。

つまり今日の守姉関係には、両母親が姉妹であるいとこ同士という関係を典型とする比較的近い血縁の2家族の間で成立し、互いの家を行き来して親同士も交流し絆を補強するような親密な血縁的関係と、知人や近隣の人間関係を下敷きにし、守姉が守子の家に立ち寄って遊び相手をするような、家族同士のかかわりという点では比較的軽微な非血縁的・地縁的関係と、二種類があるように思われる。Flinn (2011) はヒトにおける家族間の男性同士のリンクの重要

性を主張したが、守子が守姉とその母親を含む家族と緊密な関係となり、母系の家族間結合が促進されるような守姉は、それとは異なる母系的なリンクを特徴とするものである。そのようなリンクを通じて多良間島の人たち

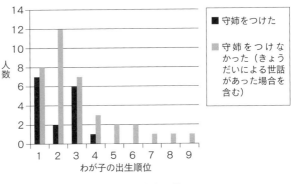

図1-5 守姉をつけたわが子の出生順位

は、豊かな親族間のネットワークを発達させてきたと考えられる。

　他方、そのような親族間のリンクによらない守姉関係は、図1-1の下段に非血縁の守姉関係が多くみられるように、最近増えてきている形態であることが示唆される。きょうだいをともなって訪問し、守子の家やその周辺の遊び場で守子を遊ばせ、自宅には連れて行かなかった本研究2の守姉もこのタイプであった。

　血縁・非血縁いずれにせよ、守子の母親にとっては、守姉がわが子の面倒をみてくれることで育児の負担から解放されるというメリットがある。44～85歳の15名の女性に聞き取りをして、わが子に守姉をつけたかどうかを尋ねたところ、守姉をつけたのは出生順位の小さい（生まれた順の早い）子どもに多かった（図1-5）。それによって経験の少ない母親でも仕事や家事等に従事する余裕ができる（出生順位が大きくなると、年上のきょうだい〈とくに女児〉が赤ん坊の面倒をみてくれる）。守姉関係が安定的に成立するためには、母親の側に、子どもが自分の乳幼児の面倒をみるということへの信頼感が必須である。そのことで守姉の周囲の対人ネットワークと守子の接触がもたらされ、結果として守子の社会経験が促進されることも守姉関係の大きな効果である。

2節 〔研究2〕 守姉行動の追跡観察の事例

　本研究期間である2013～2015年度に守姉関係が成立した貴重な一事例につい

て，許可を得て追跡観察することができたので紹介しよう。本格的な守姉の場合は，少女が守子の家（ウットゥヤー）で食事をしたり，守子の家に泊まっていったりということもあるが，本事例はそこまでのものではなかった。また守姉の母親は「ダギィアンナ（守母）」と呼ばれ，守子にとって守姉とともに特別の人になることがあるが，本観察のなかではそういった守姉・守子双方の家庭に深く入り込むような状況もみられなかった。守姉関係を開始するにあたって，守子の親が守姉の家庭にご馳走を持参して依頼するような正式な申し入れもなく，その意味ではこの観察事例は本格的な守姉関係の事例とまではいえないことをはじめにことわっておこう。

守子（以下Ｂと称する）の月齢は観察開始当時０か月，観察開始当時22歳の母親の第３子（第１子は３歳年上の兄，第２子は２歳年上の姉）。その守子と守姉（以下Ａと称する。Ａの父親とＢの祖父とが職場の同僚であり，守姉関係開始時10歳。２歳年上の姉と３歳年下の弟および５歳年下の弟がいる）の間で成立した関係であって，両者の間に血縁関係はない。Ａとその家族は多良間島の出身で，Ａは本事例の前にもＢの上のきょうだいに対して守姉行動経験があり，自然の成り行きでＢの守姉となった。

(1) 守姉行動の撮影

ＡのＢに対する守姉行動はおもに，Ａが下校後随時Ｂの家を訪問し，Ｂの遊び相手となるという状況で見られた。以下，ＡがどのようにＢに守姉行動を行ったか，ビデオで追跡観察した映像の分析から描写する。撮影は，第１著者が主として行い，多良間島在住の女性と第２，第３著者が補佐的に撮影を担当した。撮影は３か月ごとにＡがいる事態といない事態においてＢを対象に１回ずつ１時間半行うことを原則としたが，現実には撮影間隔や撮影時間は状況にあわせた。また自然観察のため撮影場面も統制されず，さまざまな状況が見られた。

観察は，予定された日時にＢの自宅もしくはその周辺にＡがやってきて，Ｂに守姉行動を行う様子を，ハンディビデオカメラで追跡撮影するというものであった。被写体として，ＡとＢが一緒にいるときは２者を，ＡとＢがつかず離れずで同所的に存在するときは原則的にＢを撮り，あわせてアングルを

工夫してAをできるだけそのフレーム内に収めるようにした。AとBが大きく隔たったときはBに焦点化して追跡を行い，ときどきカメラの向きを転じてAを撮影することとした。

　以下，守姉行動の観察事例を観察日を追って描写する。

2014年2月27日（生後0か月）

　観察初回となったのは出産後自宅に母子が戻ってきて間もない時期で，Bはベビーベッドにずっと横たえられている。Aも同じ部屋に存在して

写真1-1　Aによる抱き

いたが，ほとんど接触はなく，Aの姉が何度か接触する。この時点ではまだA自身まったくBにとって特別の関係にあるという意識をもっていないようである。

2014年5月31日（生後3か月）

　Aは，Bの母親との間でBに対する抱きを交替で行っている。Bを抱いた母親が立ちどまるとごく自然にAが下から手を差し出してBを受けとり，そのまま座り込んでずっと腹部にBを抱く（写真1-1）。抱き方は横に抱いたり縦に抱いたりしながら，静かに背中や尻を掌でトントンとたたいてBをあやす。

2014年8月21日（生後6か月）

　このあたりからBが覚醒している時間が増える。それにともないAのかかわりも増える。観察はBの自宅に，AとAの姉・弟が3人で訪問して母親からBを渡されるところからスタートする。母親が視野外に離れることが多くなるが，母親による抱きも多発しており，移行的な段階とみられる。

　この日は，AのBに対するかかわりに遊び的要素が混じり合い，脇を支えて立たせてみる（写真1-2），タカイタカイをする，といった動きのある遊びかけを行うなど，Aの姉や弟がAとBをとりまく社会的な環境を構成し，その中にAもしくはAの姉がBを抱いて参入し，ときにAとそのきょうだいでBをめぐってのやりとりが生じる。守姉としてのAと守子のBをとりまくA，Bのきょうだいの遊びの群れが，Bを包むように成立していて，そのふれ

あいの中で自然に仲間関係の礎が築かれている。

またこの日はAからBに向けたあやしや遊びが多発する。しかしながら，まだBは自ら位置移動ができないこともあって，本人からは積極的にAやその他を指向する行動は見受けられず，遊びが長時間継続することはない。Aからの行動は，ほとんどがAの手がBの身体に向けられた二項関係としてのものであり，モノを介した遊びは本を見せる行動にのみわずかに見られる。

写真1-2　姉妹での立たせ遊び（Aは右奥）

写真1-3　AとBと弟による並行這い這い

写真1-4　服をもって危ないところに行かせない

2015年1月11日（生後10か月）

Bはすでに這い這いができるようになっているが，まだ自立歩行はできない。這い這いによってBの活動範囲が大きく広がっている。また手押し車の助けを借りて，足だけで歩きまわる。玩具や遊具の存在によって，その分だけ守姉が距離をとって見守る状況が発生している。しかもAの弟が関与し，共同で遊びかける状況がしばしば見られるようになっている（写真1-3）。Bがベビーバギーをもって立ち上がろうとするとAがすかさず立ち上がって保護しにいき，連れ戻した後になおBがベビーバギーに近寄ろうとすると，AがBの服をつかんで制止する（写真1-4）など，見守りつつそばにいる場面も多い。A, Bそれぞれのきょうだいによる大きな遊びの場

のなかで，ついたり離れたりをゆるやかに繰り返しながら，徐々にその場に参入していくBの姿が見られる。

2015年3月8日（12か月）

この日のBは盛んによちよちしながら歩き回り，AがBの手をもって歩くことも多い。足がもつれて倒れることもしばしば見られ，そのつどAが助け起こす。Aが主要なかかわり相手となっているがAの姉もそばにいて，しばしばAとの間でごく自然にBを受け渡しして抱く。Bは抱かれるばかりではなくて自分で歩き回ることができ，抱き下ろすと好き勝手な方向に歩いていくので目が離せないという感じである（写真1-5）。しかしながらBのまわりには子どもの集まりがあって，Bはそのなかにゆるやかに含まれつつ歩き回っており，その状態のもとでAの見守りが行われている。AからBへの遊びとしては，よちよち歩きをするBをBの姉とともに手拍子を打って招くという行動が出るものの，Bの移動の自主性の高まりとは裏腹に，あまりAからの遊びかけのやり取りは多くない。またBも，その遊びかけに応じる様子はない。

2015年7月11日（16か月）

Bは自立歩行が可能になっており，どんどん自分の興味関心に応じて行動半径を広げている。Aは，Bの自発的な行動を妨げることなく，かといって放置もせず，ほどよい間隔をもってつかず離れずの距離で見守る（写真

写真1-5　よちよち歩くBを手を広げて守る

写真1-6　空手練習場手前のB（3人並んだ子の中央）とそれを見守るA

写真1-7　子どもの群れの中で遊ぶB（向かって右から4人目）

1-6)。Bは自発的に，他の子どもたちのいる場に接近し（写真1-7），その分だけAとの遊び的なやり取りは減少する。Bの社会的世界が拡大し，Aの守備範囲を超えつつある状況と考えられる。

(2) 守姉行動の定量的検討

次に，AからBへのかかわりが積極的になってきた6か月以降17か月まで，AがBと一緒に撮影された観察日の時系列にそって，AのBに対するかかわりの変化を図によって要約的に示してみよう（図1-6）。これは各回の映像をもとに行動の発現時間を集計したものである。

まず3か月では，そのほとんどが抱きであり，あやし行動も見られた。6か月の特徴は，引き続き抱きの多発とあやしがあげられ，また遊びが増加した。遊びは脇をもって立たせる遊びやタカイタカイなど，AからBに身体運動性の刺激を一方的に送るようなものが多く，Bはまだ受動的にそれらのかかわりを受けている状況が多かった。続く10か月になると，身体をトントンたたくなどのあやし行動はすっかり影をひそめた。このときにはBは這い這いができるようになっており，またモノへのつかまり歩行も可能であり，それによってBの活動範囲が大きく広がっていた。また周囲で遊ぶ年長のきょうだいとのかかわりも発現し，世界の広がりが見られた。

12か月はよちよち歩きの時期で，この時期のAを特徴づけているのは世話と保護の増加であった。観察された世話とはおもに靴を履かせるという行動であり，保護とはよちよち歩きにともなって生じるよろけ・転びへの対応が主であった。Bが自主的に動き回れるようになった結果，AとBの遊び的かかわりも減少し

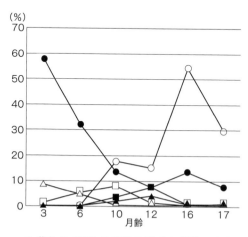

図1-6　守姉行動の月齢変化

た。16か月になるとＢの活動性はさらに高まり，どんどん歩き回れるようになった。それによって自分の興味あるものに自発的に接近し，Ａの弟など他の子どもの群れの中に入ることを求めるような状況が生まれていた。結果としてＡは，Ｂにあまり積極的にかかわらず，つかず離れずの距離で見守っていることが圧倒的に多くなった。その傾向は17か月にも継続していた。

ＡとＢのかかわりにはこのような変化がみられたが，ではＡがいることは，Ｂと母親の関係にどのように影響したのであろうか。それを調べるために，Ａがいる場合を6度，いない場合（母親だけの場合）を3度観察（図1-7）した結果から，Ｂと母親の距離関係がどう変化したかを比較してみよう。

この図は，Ａが存在する場面としない場面ごとに，月齢順に観察結果を並べたものである。縦軸は各観察回の総観察時間で割り込んだ生起率（％）である。これを見れば一目瞭然であるが，Ａが存在する場合Ｂは母親の視野外にいることが多いのに比べて，Ａの不在下ではＢが母親の視野外にいることはほとんど皆無であった。ただし3か月に関してのみ，Ａがいても母親の視野外に出ることはなかった。

一方，母親の抱きは，Ａが存在していても6か月まで多発していた。6か月ではＢが母親の視野外にいることも多発しており，そのあたりではすでに守姉の存在が母子間距離をとらせることにつながっていた。6か月時点ではＢは単独での移動がまだできず，ＡからＢへは抱きをベースにしてのあやしや身体遊びが多かった（図1-6）。6か月のＡ不在時には，Ｂが歩行器に入れられていたことによって抱きをともなわない

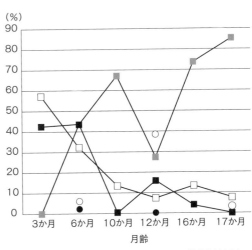

図1-7　母子と守姉の隔たりの月齢変化

高頻度の母子近接が生じていた。

　10か月ではBの這い這いが見られ，手押し車などモノを介しての遊びが盛んになった。位置移動の獲得はAへの接近というよりもAから離れて周囲に出ていく方向に作用しているようであった。10〜12か月にかけて，足もとのおぼつかないBを転倒から守ろうとする行動がAによく見られ，それは母親から離れた子を守るという意味で，守姉としての重要な機能と考えられた。Bの位置移動行動がしっかりしてきた16か月以降は，Bの自発的な歩行が頻繁に見られ，Aとの間の積極的なやりとりは鎮静化し，Aはつかず離れずで淡々と見守りを行うようになった。

(3) 考察

　本研究は守姉の貴重な1事例を追跡観察したものである。まず発達初期には抱き運びやあやし・遊びを適切に行っており，Bは泣くこともなく安定してAに身を委ねていた。他者との抱きの移行もごく自然に行われ，スムーズで危なげなかった。そのかかわりは，Bに過度に介入するのでなく，かといって放置するのでもなく，適度な関与といってよいものであった。母親は，6か月まではAが存在する事態でもBを抱く頻度が高かったが，6か月で視野外に出ることも多く，そこが移行的段階とみられた。

　Bが成長するにつれて，Aの行動は徐々に補佐的になった。10か月で這い這いが，そして12か月でよちよち歩きがそれぞれ出現し，Bから目が離せない状況となったが，それに対してAは適切にBの危うい状況で保護の行動を見せていた。遊びも手押し車を押させるなどBの自発性を支えるようなものに推移し，16か月では，もはやBと積極的に遊びでかかわり合うというよりもBの自発的な周囲へのかかわりかけを見守るという役割へと自然に行動を変化させていた。その変化は守姉側の変化が導いたのではなく，Bの位置移動能力とそれにともなう外界志向性の変化が大きな枠組みを構成し，その変化に守姉が自然に対応したことによってもたらされた変化であったと思われる。

　そして重要なことは，Aのまわりにはほぼ常にAのきょうだいがいて緩やかな遊びの「磁場」を形成しており，Bもそのなかでそれらの子どもとさまざまに接点を持ちつつAからかかわられるという点であった。とくに，Bが自

分で位置移動ができるようになってからは，A以外の子どもとの接触が増えていた。その意味ではAは単独でBの遊び相手となったというよりも，Aをとりまくように形成されていたきょうだいの遊びの場にBを引き込んでいたというほうが正しい。そういう広がりのなかでBが仲間集団と社会的接点を持ち得ていた，ということが重要なことであったと考えられる。それがそのまま進めば，子どもたちが大人とは独立に自律的な集団を形成して遊ぶという多良間の子どもたちの姿につながっていくものと思われた。

　以上，1事例に限定された知見ではあるが，ここに見られていたのは，Bの発達に応じて自然に対応するAの姿があった。10歳の少女にはすでにそのような行動が可能であることが，今回の観察で明らかにされたことには意義がある。またAがBの面倒を見ることに関して母親が信頼をおいて任せていること，Aの存在によって母親の育児負担が実際に大幅に軽減されていることも明白であった。

3節　総合考察

　人類学的に見ると，母親が主たる養育者であることは育児の基本であるとしても，ヒトには母親以外にさまざまなアロマザーが存在し（Kramer, 2010；Kruger & Konner, 2010；Sear & Mace, 2008），子どもも周囲の人物に対し多様なアタッチメントを形成する（Meehan & Hawks, 2014）。また本章との関連でいえば，エフェ（Efe）族の社会において1〜15歳の子どもが乳幼児との接触を多発すると報告されており（Tronick, Morelli & Ivey, 1992），また幼い子どものケアを任せられるのは5〜7歳児に多く（Rogoffら, 1975），クン(!Kung)族では母親以外にも女きょうだい，少女が子どもの泣きに多く反応するが男性は父親以外反応が乏しい（Kruger & Konner, 2010）など，子ども，とくに少女による乳幼児のケアは，さまざまな報告の中で指摘されている。

　体内受精で繁殖を行う種は，生まれてきた子どもの生物学的親であることの確度が雌に比べて雄に低く，ヒトもその例外ではない。アロマザリングのあり

方もその確度によって影響を受ける可能性がある。それゆえこのようなアロマザリングは，父系に比べて母系の関係で支援がより大きいという仮説の検証の格好の材料となってきた。そして実際に，祖父母については母方の祖母の育児への貢献度がもっとも大きいという傾向が確認されている（Pashos & McBurney, 2008；Sear & Mace, 2008）。また，いとこへの援助においても母方の女性によるものがもっとも多く（Jeon & Buss, 2007），母方の叔母が甥や姪によく支援する（Pashos & McBurney, 2008）。そしてアカ（Aka）族の乳児は，父系のキャンプで過ごすときより母系のキャンプで過ごすときのほうが多くのアロマザリングを受けるという（Meehan, 2005）。本章の研究1でも，親同士が姉妹である少女と乳児の間，言いかえると少女と母方のいとこにあたる乳児の間に，高頻度に守姉が認められることが示された。守姉行動が包括適応度を上げるための生物学的な適応であると同時に，島のソーシャルネットワークを維持・補強するものであったと考えられる。また Tronick, Morelli & Winn（1987）によれば，エフェ族では母親以外の女性による授乳すら見られたが，多良間島でもかつては乳児に母乳を与える乳母としてのアロマザー（島言葉でツーアンナもしくはツームマ）が存在していた。

　守姉と守子が守姉の家庭（ネエネエヤー）と守子の家庭（ウットゥヤー）を頻繁に行き来するとか，守姉の母親が守姉とともに守子にとって生涯にわたる特別の間柄となるといった事実も，本格的な守姉風習のなかで発現することであったと思われる。本書の2章でも示されるとおり，近年の守姉行動は過去のそれから変貌してきている。かつては，労働力としては補助的な少女に守姉として幼い子どもの世話をさせ，働き手としての母親を育児から解放したものが，1972年の沖縄の本土返還とそれに続く生活上の諸変化，とくに大人に対する子どもの人数比の変化（川田・白石・根ケ山，2016）を背景に，保育所の設置，教育熱の高まりによる少女の学校への「囲い込み」（サークル活動などで放課後も学校にとどまること），生業形態の変化などもあいまって，生業を側面から支える生活上の必要に迫られた行動からより余暇的な少女の楽しみごとへと変貌してきたのではなかろうか。

　研究2の事例は，近所の子どもが遊び感覚で守子の家に出入りするものではあっても，守姉が守子の発達に応じた適切な子守行動を示すこと，その守姉を

とりまく豊かな仲間関係に守子が自然に取り込まれていくことを示していた。また，それを通じて守子の母親の育児負担を軽減し，守子を守姉のソーシャルネットワークに引き込み，また守姉に子守の経験を与えて育児を学習させるといった，守姉行動が持つ機能は維持されていた。その意味でも守姉行動は，今もって多良間島のソーシャルネットワークにとって重要なものであったといえる。それが可能になっているのは，子どもへの信頼感と，子どもが育つ環境への信頼感という多良間島に存在する二つの信頼感であろうと思われる。今後，多良間島において守姉関係がさらにどう変化していくかに注目したい。

引用文献

Flinn, M. V. (2011). Evolutionary anthropology of the human family. In C. Salmon & T. K. Shackelford (Eds.), *The handbook of evolutionary family psychology*. New York: Oxford University Press. pp.12-32.

Jeon, J. & Buss, D. M. (2007). Altruism towards cousins. *Proceedings of the Royal Society B, 274*, 1181-1187.

川田学・白石優子・根ケ山光一（2016）．子育ての"手"をめぐる発達心理学：沖縄・多良間島の子守と保育から考える．発達心理学研究, 27, 276-287.

Kramer, K. L. (2010). Cooperative breeding and its significance to the demographic success of humans. *Annual Review of Anthropology, 39*, 417-436.

Kruger, A. C. & Konner, M. (2010). Who responds to crying? Maternal care and allocare among the !Kung. *Human Nature, 21*, 309-329.

Meehan, C. L. (2005). The effects of residential locality on parental and alloparental investment among the Aka foragers of the Central African Republic. *Human Nature, 16*, 58-80.

Meehan, C. L. & Hawks, S. (2014). Maternal and allomaternal responsiveness: The significance of cooperative caregiving in attachment theory. In H. Otto & H. Keller (Eds.), Different faces of attachment: Cultural variations on a universal human need. Cambridge: Cambridge University Press. pp.113-140.

Pashos, A. & McBurney, D. H. (2008). Kin relationships and the caregiving biases of grandparents, aunts, and uncles. *Human Nature, 19*, 311-330.

Rogoff, B., Sellers, M. J., Pirotta, S., Fox, N. & White, S. H. (1975). Age of assignment of roles and responsibilities to children: A cross-cultural study. *Human Development, 18*,

353-369.

Sear, R. & Mace, R. (2008). Who keeps children alive? A review of the effects of kin on child survival. *Evolution and Human Behavior, 29*, 1-18.

Tronick, E. Z., Morelli, G. A. & Ivey, P. K. (1992). The Efe forager infant and toddler's pattern of social relationships: Multiple and simultaneous. *Developmental Psychology, 28*, 568-577.

Tronick, E. D., Morelli, G. A. & Winn, S. (1987). Multiple caretaking of Efe (Pygmy) infants. *American Anthropologist, 89*, 96-106.

1章へのコメント
社会的文脈のなかでの子どもによる乳幼児の世話

箕浦康子

　子どもによる乳幼児の世話は世界的にみてかなり一般的な現象であり，ワイスナーら（Weisner & Gallimore, 1977）の文化人類学的研究はすでに紹介ずみである（箕浦，1990）。日本においても自給自足時代の山村での四大子ども仕事は，ランプ掃除，水汲み，風呂焚き，子守であった（箕浦，1985）。村に電気が引かれ，各家が揚水ポンプで水道を設置，石油釜で風呂をわかすなど，生活の近代化とともに子どもの家事労働は消えていき，最後に残った子守も兄弟姉妹の数が7，8人から2，3人に減少するとともに消えていった。1960年以前には一般的であったが学問の対象ではなかった子守に着目し，多良間島の45～78歳の女性からの聞き取り，10歳の女子による守姉行動をビデオ収録し，アロマザリングの記録を残したことに学問上の意義がある。守姉関係にある2人がどの程度の血縁の隔たりがあるかをパスの概念を使って分析，遠縁・非血縁関係が多いことや母方の血縁者同士がそうした関係を結びやすいことを見出したことにも意義がある。

　疑問点は，研究2では排泄や摂食の場面は記録されていないが，オシメを変えたりおやつを食べさせたりといった行動は守姉はせず，そのようなときは守子を母親の許に連れていったのだろうかということである。守子の母親が守姉にどのように依頼していたのか，守姉の家族と守子の家族は距離的にどれくらい離れていたのか，両家族は普段から往来があるのか，子守をしてもらったことへの謝礼の有無などについて母親からの聞き取りはされていたのであろうか。さらに，多良間島で守姉が消失していく過程にどのような社会経済的なマクロ要因が関与していたのかを行政資料と聞き取りデータを照合することで明らかにすることができたかもしれない。また，集落の様子や守姉関係がどのようなメゾレベルの社会的文脈のなかで行われているのかについての記述があればと思った。

　本章は，守姉行動がどのように実施されているかを中心に述べられているが，守子が守姉に与える影響についての記述はない。ホノルル近郊のポリネシア系ハワイ人の集落を調査したガリモアは，対象世帯の32.5%に養子がいるこ

とを見出し，乳幼児を養子にもらう理由として，自分の子どもが大きくなったので，乳幼児といることを楽しむためにというほかに，乳幼児の世話をさせることが，年上の子のしつけになるからという理由があげられていた（Gallimoreほか，1974）。そこで考えられるのが，守姉やその周辺の子どもにとって，乳児と接触することはどのような意味をもっているのかという新たな問いである。

　最近，乳児に接することの児童・生徒への心理的・教育的意味が認められ，神戸で発祥した赤ちゃん先生プロジェクト（2018）が全国的に広がっている。数組の赤ちゃんと母親が年間を通じて5回クラスを訪ね，母子のペアと4，5人の児童とが直接交流し，お座りのできなかった赤ちゃんが2回目の交流ではお座りをし，3回目には歯が生えていたり，ハイハイしたりする子もいる。最終回の交流時には，赤ちゃんたちを児童に託して母親は出て行き，30分ほど児童は赤ちゃんの世話をする守姉の擬似体験をする。全体テーマが「みんなのだいじないのち」であるこの授業は，主宰するNPO法人や依頼者の学校の都合で，半年で4回やったり，毎月1回10か月続けたりとさまざまな形態のものがあるが，同じ児童のグループと母子ペアが継続的に触れ合い，赤ちゃんの成長の速さを児童が直接体験することが重視されている。各回の授業は「命」を違った角度から考える小テーマと活動内容から構成されて，母親は事前に訓練を受け，また，母子のペアを統括するリーダーもいる。赤ちゃん先生プロジェクトを30回以上観察した野津（2018）は，赤ちゃん先生プロジェクトは，命の成長と尊さを教えるだけでなく，共感コミュニケーション力をも育てていることを指摘している。研究2では守子を17か月までみているが，守姉側に成長する命への感銘や守子の気持ちを察する感情解読力や共感コミュニケーション能力についての知見があったであろうか。大人が意図的に介入している構造化された赤ちゃん先生プロジェクトと比較して，守子の守姉への教育的機能という別の切り口は，今後の課題であろう。守姉関係自体がほとんど消滅している日本でデータをとるのは難しいと思うが……。

　赤ちゃん先生プロジェクトのもう一つの側面は，このプロジェクトに参加することで母親たちの孤立が解消されることである。研究2は，守姉行動中心の記述であるが，守子の母親にとっては，育児負担の軽減だけであろうか。守子

の母親は,どのような人間関係のネットワークのなかで,守姉の助力を得ているのか,守姉とその親やキョウダイたちとのかかわりが守子の母親の心理に何をもたらしているのだろうか。また,守姉のキョウダイと守子のキョウダイが一群となって遊び集団をつくっているように見受けられるが,仲間集団は守子のみならず,守姉行動にも影響していたように思われる。

引用文献

赤ちゃん先生-NPO法人ママの働き方応援隊ウェブサイト. https://www.mamahata.net (2018年5月10日閲覧)

Gallimore, R. J., Boggs, J. W. & Jordan, C. (1974). *Culture, behavior and education: A study of Hawaiian Americans*. Beverly Hills: Sage.

箕浦康子 (1985). 山村における子どもの生活──岡山県吉備高原における事例. 岩田慶治 (編) 子ども文化の原像──文化人類学的視点から (pp.672-702). 日本放送出版協会.

箕浦康子 (1990). 文化のなかの子ども (pp.132-136). 東京大学出版会.

野津隆志 (2018). 私の赤ちゃんは,先生です. 学術研究出版.

Weisner, T. S. & Gallimore, R. (1977) My brother's keeper: Child and sibling caretaking. *Current Anthropology, 18*, 169-190.

2章 「風習」として受け継がれた子守の形

白石優子・石島このみ・根ケ山光一

はじめに

　産後うつ，育児ストレス，マルトリートメントや虐待など，子育てに関する問題は，今や当事者や専門家だけでなく，社会の大きな関心ごとである。これら子育ての問題との関連に，たびたび「孤立した育児」が挙げられてきた。周囲のサポートが得られない状況での子育ては，養育者にとって困難を生じさせやすいという認識は，徐々に浸透してきているように思われるが，実際に孤立を防ぐ仕組みをどのように構築すべきかについては，さまざまな立場から議論が重ねられている最中ではないだろうか。孤立した育児の背景には，親や親族が近くにおらず，近所づきあいもない都会的な生活が思い浮かぶ。それとは反対に，人々が「ムラ」で子育てをしていた時代，そこにはどのような子育ての実践があったのだろうか。

　本稿では，その「ムラ」的な子育ての実践例として，多良間村で見られる子守の風習「守姉」についてとりあげる。家庭の外の人々と密接にかかわりながら営まれる子育てとは，どのようなものだったのだろうか。

1節　3つの子守

　子守とは，一般に親や第一養育者以外の者が，一時的に子どもの面倒を見ることをいう。つまり，母親以外の人物によって子育てを行うという意味のアロマザリングそのものである。人におけるアロマザリングの形態は多様であるが，乳幼児を一時的に世話する子守は，最も広く見られるアロマザリングではないだろうか。

　子守には，年長のきょうだいや祖母などの家族の誰かが行うものと，子守奉公やベビーシッターのように雇人として任せるものがあるが，さらにもう一つ，子守をする少女と世話を受ける子どもが「特別の関係を結ぶ（大藤，

1977)」子守がある。このような子守の多くは，「守姉」や「モリッコ」と呼ばれ，三重県答志島，伊豆諸島の御蔵島，利島，新島と南西諸島の多くで記録されている（たとえば，大藤，1977；鎌田，1990；具志堅，2013）。

　沖縄では，ほぼ全域に，賃金労働でも，家族構成員によるものでもない，他家の少女による子守の風習があった（具志堅，2013）。沖縄県中頭郡読谷村での産育調査（村山，1997）によると，「子守がいない時には親戚の10歳前後の子に頼んだ（明治37年生まれ，女性）」，「7～8歳の女の子を子守に頼む時は，夕食をご馳走したり年に一回は着物を買ってあげたりしていた（大正4年生まれ，女性）」と記録され，少なくとも100年以上前にはこのような子守は根付いていたと考えられる。地域によって若干の差異は見られるが，概ね学齢期の少女が親戚や近所の家の乳児を子守するものであった。しかし，現在ではこのような子守は，ほとんどの地域で衰退している（具志堅，2013）。

2節　多良間島における守姉の実態

　多良間島は，現在においても，この守姉と呼ばれる風習がその形を残すほとんど唯一の島である。その多良間島の守姉とはどのような特徴を持つのか。『多良間村史（民族）』（1993）には，以下のような「守姉」に関する記述がある。

> 　赤子が一ヶ月ぐらいで丈夫になると，親戚や近所のしっかりした少女を守姉に頼む。頼む時は両親がご馳走やお酒を持って行って本人や家族に相談する。頼まれるとほとんど喜んで引き受ける。守姉には普通6歳から15歳ぐらいの少女がなり，学校の授業が終わってから子供の家へ行って子守をする。守姉は子供が3歳ごろになるまで頼むのが普通である。家族同様に親しくなっているので子供が成長してからも，ひまの時は出入りして，子供の勉強や家事などを手伝ってやる（多良間村史編集委員会，1993，p. 121）。

　筆者らは，この島の守姉風習がどれほど普及していたかを調べるため，2012

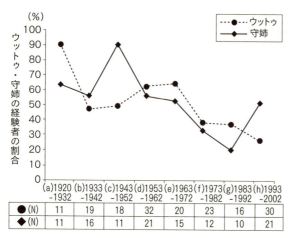

図2-1 世代ごとのウットゥ・守姉の経験者
(川田・白石・根ケ山, 2016を改変)

年から2016年の間, 短期の滞在を繰り返し, 多良間村民177人を対象に, 守姉経験に関する聞き取り調査を行った。図2-1は, 川田・白石・根ケ山 (2016) で白石が担当した節「守姉経験の時代推移」に修正を加えたもので, 聞き取り調査の結果を示している。1920年生まれから2002年生まれの協力者をそれぞれ10年ごとの群に分け (1920年から1932年の群のみ13年), 時代推移を示している。守姉は, 基本的に「少女」による子守を意味することから, 守姉になったことがあるかどうかについては, 女性のみ (N=117) に, 守姉に子守をされたかどうかについては, 男女とも (N=169, 守姉経験についてのみ回答のあった女性8人は除外) に聞き取りを行った。ここでは, 守姉に子守をされた子どもを「ウットゥ」と示している。ウットゥとは, 「年下の者」を意味する多良間方言であり, 守姉関係においても用いられる。

調査の結果, 守姉経験, ウットゥになった経験がそれぞれ9割以上を占めた時代があるものの, その前後では半数程度の時代もあることがわかった。過去から現代へ徐々に衰退していったと単純に言いきることはできず, 守姉が行われるかどうかには, 人々の暮らしのさまざまな状況が関係していると考えられた。また, 学校や部活で忙しくなっていると言われる現在の10代, 20代に当たる世代において守姉経験の割合が上昇していることから, 「守姉をした」と一言に言っても, 子守をした子の年齢, 期間, 頻度, 子守の内容, その後の関係性などは, 時代背景や個々の家庭によっても異なるのではないかと推測された。

3節 それぞれの守姉

　そこで，筆者は守姉という風習のもとに行われた子守実践についてより詳細に理解するため，ウットゥ，守姉，ウットゥの母，守姉の母として関与した4人の協力者にインタビューを行った。インタビューは，協力者の許可を得てICレコーダーに録音した。その後，音声データを文字起こししたものを質的に分析した。その一部を以下に紹介する。枠内の語りは，内容の理解や発話者の意図に影響しないと思われる範囲で，言い淀みや相槌等を省略した。

　3節では4人の語りをもとに，それぞれの時代背景，家と家の関係性，家庭の状況等を考慮しながら，それぞれの「守姉」の描写を試みる。事例は，古い時代から現在への流れをつかむことができるよう，年長者から順に並べている。事例の登場人物に付記された (a) から (h) の記号は，図2-1の世代を示しているので，必要に応じて参照されたい。また，わずか4つの事例ではあるが，4人それぞれの守姉あるいはウットゥ，または子の守姉や子のウットゥに関する内容を含むため，(a)1920-1932の世代を除き，図2-1で示したすべての世代が登場する。

(1) ウットゥとして　Kさん（60代男性）

　Kさん (c) は，1940年代，多良間島のある家庭に長男（第1子）として生まれた。Kさんには，13歳年上の守姉 (b) がいて，現在でも交流がある。Kさんの守姉は，母親のいとこにあたる親戚でもあった。Kさんは守姉のことを「アニ（姉の意）」と呼んでいる。当時は，守姉のことをそう呼んでいたようである。

守姉関係の始まり

　守姉関係が結ばれたのは，Kさんが乳児の頃なので，当然その記憶はない。Kさんは妹二人にもいたという守姉のことを思い出しながら，守姉関係が始まった頃のことを次のように話してくれた。

> 僕が生まれる前から出入りはしていたと思いますので，ごく自然にそういったことになったと思うんですけれど，妹二人もそうですね。似たよう

> な親戚の，まぁ，誰かに抱っこされて大きくなったとか。そんな感じでした。

　Kさんの守姉は，親戚としての付き合いがあった家であるため，「自然に」守姉関係が始まった。「妹二人も」という語り口からは，当時守姉がいるのは，ごく普通のことというニュアンスも感じられた。Kさんの世代では，守姉がいた人の割合は半数程度である（図2-1）ので，Kさんの周囲にも守姉を持つ同年代の子どもは珍しくなかっただろう。Kさんは，守姉から受けた世話について，ここでは「抱っこ」と表現している。おそらく他にも世話の種類はあると思われるが，0歳から1歳頃の抱っこされる時期に子守が行われていたことが推測できる。

子ども時代のかかわり
　Kさんは，幼少期の記憶を思い出し，当時の守姉との関係性を語ってくれた。

> じいちゃん二人がきょうだいでしたので，別にアニ（守姉）じゃなくても出入りはしたと思うんですけど。でも，僕は格別，その近い感じがしたというか。泊まって来たり，どうのこうのというのはしょっちゅうしてました。（中略）まぁ，親に怒られて行き場がないときは，そこ，アニのところにいたというか，ほぼそういったことで，小学校入るまでは，くっつき通したという記憶は十分にあります。もうくっついて回る。（中略）だから可愛がってくれた分，怒られたりとか，「これはダメですよ」，なんていうのは割と多かったような気もしますけれど。（中略）親同然ですよ。僕からしましたら。何でもこの親に怒られて，跳んでって，アニのところに行けば，ちゃんと，まぁ，「お前また怒られて泣いてきたな」，なんて物を与えられたり，色々されたっていう記憶は，十分残ってます。

　Kさんにとって，守姉の家は他の親戚とは異なる「近い感じ」がしていた。それは，「泊まりに行く」という出来事であったり，「くっつき通した」と表現されたような行動をともにした日々の生活から生まれた感覚であると思わ

れる。また，守姉は「親同然」であり，可愛がられると同時に叱責を与えられる存在でもあり，さらに親から叱られたときの逃げ場，おそらく安心できる居場所でもあった。

守姉を頼んだ理由について，Ｋさんは次のように語った。

> 親が忙しかったという一面もありますし，かと言って暇でもそのまぁ例えば，守られている僕たちなんか，しょっちゅう出入りしたっていうか。そういったのが多かったと思うんですけどね。だから，うちの場合ですと，結構畑持って，麦の収穫，豆の収穫をやっていて，そのお姉ちゃんにあたるアニも手伝いにしょっちゅう行ってましたので。（中略）昼も畑行っても一緒でしたし。

守姉の役割は，親の忙しさのために不足する世話の手を補うだけではなかったようである。「暇でも」とあるように，親の忙しさとは別の次元で守姉とのかかわりが存在していたのではないかと推察できる。また，家族とともに畑作業を手伝うこともあったと語られ，守姉は家族の一員のように扱われていたと思われる。

乳母や親戚の家

親や家族以外の者が子の世話にかかわるのは守姉だけではなかった。乳母（ツーアンナと呼ばれる）も当時の多良間には存在しており，Ｋさんにも父方の親戚にあたるＫさんと同年生まれの子を持つ「乳母」がいた。自身の記憶ではなく，「聞いた話」として次のように語られた。

> 多良間では乳母っていう制度があるんですよ。おっぱいあげるおばさんというのが。だから，泣いてたらそこに行って（守姉が連れて行って），まぁ，おっぱいあげて，なんていうんでしょうかね。お腹いっぱいになったら泣き止みますでしょ。それから（守姉が）子守したり，みたいな話は聞いたことがありますね。

実親からではなく，乳母から守姉へと世話が引き継がれることもあったこと

がうかがえる内容である。また，この乳母の家とは授乳期だけでなく，その後もかかわりがあった。そのような家について，Kさんは次のように語っている。

> 行って遊んで引っ掻き回して。そういった家というのは，おばさん（乳母）だけじゃなく，おじさんも当然大事にしてくれますし，（中略）で，一番思い出すのはですね，畑行って誰もいない留守宅で，芋のカゴっていうのがどこでもあったんですよ。（中略）ひもじいからなんか（食べる物は）ないかって勝手におろして食って，夕方怒られました。（中略）そういった家が3，4か所ありました。

「怒られた」と言いながらも，それは決して苦い記憶ではなく，「大事にしてくれた」という温かい思い出であるのだろうと，Kさんの楽しそうに語る表情から感じとれた。また，この3，4か所というのは，守姉，乳母の家とその他親戚の家であるという。

現在の付き合い

Kさんは60代後半，Kさんの守姉は80歳を超えている。現在の付き合いについて，次のように語ってくれた。

> 頼れるし，困ったときはやってもらえるし，まぁ逆に成長したらなんか，親孝行まではいかないにしても，それなりのつながりはしっかり持っています。今でもそうですよ。（僕は）60，70（歳）近いんですけれど，行けば，腹減ったら，「おーい，飯ないか」みたいな感じ。

Kさんにとって守姉は，「頼る」存在でもある一方，「親孝行」のように尽くす存在でもあった。そのような関係は，どのように維持されてきたのだろうか。

> 僕のアニへの気持ちは親には勝らないと思うんですけれど，ほぼおんなじくらいの気持ちで接していますし，相手も自分の子どもっていうか，12歳

> で当然自分の子どもはいませんから，その家庭に行けば自分がそのてっぺんみたいにいばりちらしていましたけれど。(守姉の) 子どもたちは 5, 6 名いましたけれど。むこう (守姉の子ども) だって，ニイニイ，ニイニイと慕ってきますし，ということはその関係が絶え間なく続いたという，そのおかげだと思っていますけれど。僕はその子どもたちに何したわけでもないですよ，特別。なんかちょっと買ってきて与えた程度のことで。いずれにしましても，その家族付き合いというのは大事にしてきましたけれど。

守姉の家では「自分がそのてっぺん」のように振る舞っていたというKさんであるが，守姉自身にとっても，ウットゥであるKさんは特別な存在だったのかもしれない。守姉に子どもができてからは，その子どもたちから「ニイニイ」と慕われており，その語り口からは「付き合いを大事に」してきたという自負が感じられた。

Kさんと守姉の関係は，60年以上続いている。その間，Kさんは仕事のため30年以上島外で生活をし，守姉は近年本島に移住した。いつも顔の見える距離にいたわけではない。互いを大事に，心を配り続けなければ関係を維持することは簡単ではない年月である。

(2) 子守を頼む母として　Mさん（50代女性）

Mさん（d）は，1960年代，多良間島の家庭に長女（第1子）として生まれた。高校進学時に島外へ出て，20代で島に戻った。Mさんには13歳ほど年上の守姉（c）がいる。当時の記憶はあまりないそうだが，現在も連絡が取れれば那覇に住む守姉と会うことがあるという。Mさんは，7人きょうだいで，下のきょうだいを子守するため，守姉としての経験はない。2人の子どもを多良間で育て，第一子（g）には保育所に入れるまでの間，知り合い（Mさんの妹の友人）の子（f）に子守を頼んだ。ここでは，Mさんの子どもの守姉について紹介する。

守姉関係の始まり

守姉を頼んだ理由について尋ねると，次のように語ってくれた。

> その時ね，ちょうど，もう自分の両親も農業で忙しかったし，私もちょうどその時仕事してたもんだから，保育所は入れたかな。入れない時期があったのかな。（保育所の定員が）いっぱいで。その時につれて（子守をして）もらった。

　Mさん自身が仕事をしており，両親にも預けられない事情の中，保育所の代わりに子守を頼んだようである。保育所が開所したのは，Mさんの子どもが生まれる数年前であった（保育所については，3章を参照）が，開所から数年は希望者が定員を上回り（保育所関係者による），利用できない時期であったそうである。

ダキィアンナによる世話

　世話の内容について話を聞くと，風習として語られてきた「守姉」とは少し異なる実態が浮かび上がってきた。

> この子も（子守を）やったんだけど，この子のお母さんがたまたまお家にいる方だったので，その子のお母さんと一緒に（子守を）してもらって。（中略）もう保育所に入った後は，そんな頻繁につれて（子守をして）もらわなかったけれど。保育所に入る間とか，2，3年くらいかな。3年くらい。

　多良間では，守姉の母のことを「ダキィアンナ」と言い，守姉とともに子の世話をすることは珍しくない。しかし，Mさんが働きに行くため，保育所代わりに日中預けており，守姉は学校に通っていることから考えると，「その子のお母さん」であるダキィアンナが子守の中心であったのではないかと推測される。また，このダキィアンナには，子守のお礼も渡していた。

> お金はいくらかずつあげてました。保育所に行かない（分），いくらかずつと。そのままお願いできないから。

保育所に通わせるには，保育料を納付する必要がある。その代替として子守を頼むには，いくらかのお金を払わなければ，頼みにくい心情があったのだろう。先に紹介した守姉経験に関する調査では，守姉が金銭の報酬をもらう例は見られなかった。その代わり，食事をもらったり，着物や洋服，まりなどの玩具をお礼として受け取っていた。Ｍさんの場合，守姉に対してではなく，保育所代わりに子守をしたダギィアンナへのお礼として支払われていたため，守姉への報酬とは言えないが，ウットゥや守姉を対象とした調査とは異なる側面が見えた。

　また，守姉を頼んでよかったことについて尋ねると，Ｍさんは次のように答えた。

> 良かったのは，そうですね。融通効くっていうんですか。「今日ちょっと遅くなるからもうちょっとお願いね」って，時間的に。

　決まった時間に迎えに行かなければならない保育所と違い，個人に依頼した子守は融通が効きやすく，仕事をするＭさんにはメリットであると感じられていたようである。

現在の付き合い

　子守を通したかかわりが終わった後，守姉とダギィアンナは沖縄本島に移住した。現在の関係について尋ねると，次のように語ってくれた。

> たま～に，たまにではないですね，何年か（前），多良間に来たとき。那覇でもたまたま仕事をしてるところに行って，あの子ども（子守を頼んだ自分の子）を行って見せたりとかもしたことありますもん。子どもが大きくなってからね，大きくなってから，自分の息子が大きくなってから，（中略）会ったことありますよ。（中略）まぁ会えるんだったら会ったりはしたいなと思ってるんですよ。あの頃，振り返りながら，「ありがとうね」，て感じで。

　Ｍさんと守姉が会ったのは，数年前，本島に移住した守姉が多良間を訪れ

たときであった。それ以外にも，守姉の職場を訪れて成長したわが子を見せた思い出も語ってくれた。頻繁に連絡をとったり，近況を知らせ合う間柄ではないようだったが，関係性がまったく切れたわけではない。「あの頃」を振り返り，感謝の気持ちを伝えたいという思いが語られた。

　保育所代わりの子守であったとしても，個人と個人の結びつきによって営まれる子育ての協力は，職業としての保育者との関係性とは違っているように見える。

(3) 守姉として子守をしたOさん（40代女性）

　Oさん（e）は，1970年代，多良間島のある家庭に長女として生まれた。Oさん自身に守姉はおらず，Oさんの世話をしたのは，実の親と同居している母方の祖母であった。Oさんは，母親が日中預かっていた1歳くらいの子ども（f）の守姉として，母とともに子守をした。子守をしていた家の転勤により，およそ1年で守姉は終わった。

守姉の始まり

　守姉になったのは，Oさんが小学校2年生の頃だったそうである。

> 私もネエネエ（守姉）なんですけど，実はうちの母がみてたんですよ。自分の子ども（Oさんの下のきょうだい）と（一緒に世話するように）預かってたんですよ。知り合いの（子を）。（中略）「一人ネエネエ（守姉）にしようね」，みたいな感じで（守姉になった）。

　Oさんの母親が親戚の子どもを預かり，Oさんの下のきょうだいたちと一緒に子守をしていた。そのとき，「一人ネエネエに」と守姉役に抜擢されたOさんであった。守姉になると言われたとき，どのように感じたのか尋ねた。

> あまり何も考えなかった。特に考えなくて。「ネエネエ（守姉）ね」，と言われて，そうなんだ，みたいな感じでしか。

　Oさんにとって，守姉になることは自然に受け入れられる出来事であった

ようである。親戚関係のある家であり，すでにОさんの母親が子守をしていた事情から察すると，何か新しいことが始まるという感覚は生じにくかったのかもしれない。Оさんの世代では，守姉になった人の割合は40％程度ではあるが，1943年から1952年生まれのピークから減少し続けた時代であった。Оさんのウットゥが生まれた頃は，ちょうど保育所開所前後にあたり，子守の手が少女から大人へ，個人から専門職へ，と移行していた時代であるとも考えられる。

子ども時代のかかわり

どのような子守をしたのか尋ねると，Оさんは潔い口調で「全部」と答えた。

> 自分が預かりママみたいな。(中略) 学校終わって，ちょっと連れて遊んだりとか。学校終わったらちょっと連れて。あれ，短い。1年もなかったのかな。

「預かりママみたいな」と語り始めたОさんは少し誇らしげであったが，思い起こそうとすると，それほど長い期間子守をしていなかったことに気づいたようであった。1年未満の間，平日の放課後，母と一緒に子守をしたそうである。その詳細は「あまり覚えていない」とも語られた。

現在の付き合い

現在の付き合いについて尋ねると，次のように語ってくれた。

> (ウットゥが) 大きくなって，「ネエネエだよ」といわれるのはうれしいですね。あんまり連れた記憶はないんだけど。(中略) (ウットゥとその家族が島を出た後も)「ネエネエ」とか (言って) 慕ってくれるんで。

Оさんは，守姉として世話をした記憶自体はあまりないものの，その後「慕ってくれる」ことが，うれしかったようである。

> 連れた子 (ウットゥ) とは，(付き合いは) ないんですけどお母さんと親

> しく。(中略) 年に5, 6回は (宮古に) 行きます。行くときは会って,
> のぞいたり,「来たよ」と言ってお土産持って行ったりして。(中略) 私よ
> りもうちの母がとっても親友みたいで, 小さいときから親戚でもあるし,
> 小さいときから幼な馴染み。家族ぐるみの。そういう付き合いなんで。

　現在でも付き合いは続いているが, それはウットゥの母とのものであった。Oさんの母が当時から現在までとても親しい関係ということで, Oさん自身も年に何度も会っているという。
　Oさんにとって守姉とは, 当時のウットゥへの世話やかかわりではなく, その後のウットゥの家族との関係性を補強する役割であったのかもしれない。
　また, 始めはOさんの母が預かっていた子どもであり, 守姉という風習の存在によって後発的に結び付けられた関係であったとも考えられる。

(4) ダキ ゚ィアンナとして　Rさん (40代女性)

　宮古島出身のRさんは, 関東に就職の後, 多良間島出身の男性と結婚し, 多良間島に移住した。4人の子どもを出産し, 多良間島で育てた。Rさんの第1子, 第2子には守姉がいる。第4子は守姉はいないが, 守姉として子守をした。ここでは, 第4子であるYちゃん (h) が守姉, Rさんがダキ ゚ィアンナとして子守をした体験について紹介する。

守姉関係の始まり

　Rさんは, Yちゃんが守姉をすることになったエピソードをとてもドラマチックに語ってくれた。

> (夫が会社の) 後輩を連れて, 飲み会をしようかってしたときに, その子
> が2歳くらいだね, すごい人見知りする子で。ちょっと, 場所もここから
> (玄関を指さして) お母さんが先に入って,「おいでっ」て言ってもわから
> ないお家, 初めてのお家だから, いやいやってやってたんだけど, Y
> ちゃんが「おいでおいで」って言ったら, すぐに抱っこできたわけ。もう
> それで, なんかもう他の人には抱っこできない人見知りする子が, 急に
> Yにすぐに抱っこされたもんだから, もう夫婦二人で,「は?」ってすご

> い驚いた顔して。もうその日に，ネエネエ（守姉）させようってすぐに決まったわけ。そしたら，Yも「やるやる」みたいな。自分も一番下だから，妹とか弟が欲しいらしくて。

　人見知りのひどい2歳の子（Tちゃん）が，Yちゃんにだけすんなり抱っこされたというのが，守姉を始めるきっかけであった。この運命的とも言える出会いに加え，Yちゃんが末っ子であり，「妹や弟が欲しい」気持ちも手伝い，Yちゃんは守姉になることにとても乗り気であったようである。

　守姉としての世話
　守姉を始めたとき，Tちゃんは2歳，Yちゃんは小学校5年生であった。Yちゃんがどのような世話をしたのかを尋ねた。

> もうずっと子守してたね。保育園にお迎えに行ったりとか。で，お母さんも仕事終わって（迎えに）来るまでは私の家でみたりして。

　具体的な世話の内容については言及されなかったが，「ずっと」と語られることを考えると，一緒にいる時間はそれなりのものだったのではないだろうか。また，唯一守姉としての役割としてあげられたのは，「保育所のお迎え」であった。都市部のみならず，きょうだいでもない小学生が保育所のお迎えに来るというのは，めずらしいことだと思われるが，多良間島では守姉が保育所のお迎えを行うことはほかにも例（根ケ山，2012）がある。多良間の生活環境や子ども観（4章を参照）がそれを許容していると思われる。

　現在の付き合い
　Yさんは，現在那覇で高校生活を送っている。小学生になったウットゥのTちゃんを今も見守っているのは，ダキィアンナのRさんである。

> Yが那覇のほうに行ってもやっぱりなんか行事があって，運動会とかなんかあるでしょ。その子だけが（を）目に追う。私が，（Tのことが）気になるから。なんか応援したり，すごい泣き虫で運動会も「踊らない」とかやったりするから，それも気になって私も（Tちゃんの）お母さんと

> 一緒に行って慰めたり，「頑張ったら何々もらえるよー」とかさ，もうあんな感じで特別に見て．（中略）そう，「今日は何があったって言ってきたよ〜」とか（電話で）言ったら，「泣かないでちゃんとしてた？」と聞くね，Yもね．なんか気にしてるみたいね．私もだから，「強かったよ」，「何番だったよ〜」とかさ，そんな感じの教えるというか．

　守姉であるYちゃんは那覇の高校に進学し，Tちゃんをそばで見ることはできないが，ダキﾟィアンナであるRさんは，今も行事などではTちゃんを「特別」な目で見ているという．Tちゃんは道で会うRさんを「オカア」と呼び，それがとてもいとおしいとも語ってくれた．RさんとYちゃんは特別な日には電話をしているそうで，その会話の中でTちゃんの様子を報告している．一組の親子が，Tちゃんのことをともに特別な存在として思っていることが伝わってきた．

(5) 4人の語りから見えてくるそれぞれの「守姉」
アニとネエネエ
　守姉を「アニ」と呼んでいたのは，1940年代生まれのKさんだけだった．それ以降の世代の人々は，「ネエネエ」と言っていた．『多良間村史』（1993）によると，多良間方言では，守姉のことを「ムリﾟアニ」，長姉を「ウプアンガ」，次姉を「アンガ」と言う．つまり，きょうだいを指す「姉」に「アニ」が使われていないことに鑑みると，Kさんの言う「アニ」は，「守姉」だけに限定されて使われていたのではないか．一方，「ネエネエ」という呼び方は，実姉や相対的に年長となる女性一般（たとえば赤ちゃんと一緒にいる少女に対して，中年の女性との会話でより年長の女性に対して，また筆者も保育所の子どもたちの前で「ネエネエよ」と紹介されたことがある）に使用される．
　「アニ」から「ネエネエ」への移行は，「守姉」という役割の質的な変化を象徴しているように思われる．「アニ」はKさんにとって，最初から唯一無二の「守姉」であったが，「ネエネエ」は子にとって年長の少女，女性という意味しか持たず，「特別な存在」になっていくかどうかは，日々の世話やかかわりによるのではないだろうか．

島の高齢者は，「守姉のことは60歳以上でないとわからない」と言う。1960年代生まれのMさんのインタビュー中に用事で現れた男性（1950年代生まれ）は「この人に聞いてもわからんよ」と笑って言った。Mさん自身にも守姉はいたし，Mさんの子の守姉についても語ってくれた。しかし，この男性にとって守姉とは「アニ」のことであり，「ネエネエ」とは異なるように見えるのかもしれない。

守姉という土壌の上で

Kさんの語りからは，「親が忙しかったという一面もありますし，かと言って暇でも」というように，親の忙しさとは別の次元で守姉との関係性が存在していたことが推察された。また，Kさんが出入りしていた家は守姉の家以外にもあり，子守の手が不足するような状況ではなかったのかもしれない。それでもKさんにとって，物心つく前に結ばれた守姉との縁は，親と変わらぬほどに重要で，その関係性は半世紀以上続いている。

MさんやOさんの場合は，守姉自身というより，その母親が子守役を担っていた印象がある。もし，島に守姉という風習がなかったら，これらのケースでどれほど少女が子守にかかわったと思えただろうか。母親の手がほかに取られるとき，乳幼児への世話の手は，風習があるかないかにかかわらず，必要不可欠となる。MさんやOさんの場合，必要不可欠な状況が先にあり，偶然その家にいたちょうど良い年頃の少女に，後から守姉役を充てたのではないか。

一方，インタビューのケースの中で最も若い守姉であるYちゃんは，ウットゥであるTちゃんと強い心理的な結びつきがあると思われた。Yちゃんにとっても，守姉という風習があったからこそ，Tちゃんとの継続的なかかわりが可能になったのではないかと思われる。

子守の手を必要とする親，子の世話を楽しむ少女がいる。それだけでは二者の関係が長期に続くとはかぎらない。守姉が風習として島の人々に認識されていたからこそ，少女は守姉であると自覚し，ウットゥは守姉を慕い続けることができたのではないだろうか。

おわりに

守姉に関する語りから思い浮かぶのは，孤立とは無縁の子育て風景である。

一人の子どもが生まれ，一人の少女が守姉となる．それは子育てのサポーターが一人増えたということではない．ウットゥは自身の家庭の外に，もう一つ家のような居場所ができ，守姉，ダキ゜ィアンナ，そのほかの家族もまた子どもにかかわる重要な存在となり得る．これは，子守をされるウットゥだけではなく，守姉を中心に置いても同様のことがいえる．守姉をアロマザリングの形態としてとらえたとき，それは乳幼児に対する世話の担い手として守姉を想定するが，守姉自身はまだ小学生か中学生の子どもである．守姉も自身の家族以外に頼れる存在を持つことになるかもしれないし，また子守役として認められたことが自尊心や自己効力感などの感情を支えているかもしれない．

　守姉は，小さな離島の一風習であるが，人々の重層的なかかわりのなかで営まれるこのような実践から，現代の子育て支援のヒントを見つけることができるのではないだろうか．

引用文献

具志堅邦子（2013）．守姉という存在．地域文化論叢，15, 45-63.
鎌田久子（1990）．女の力・女性民俗学入門．青娥書房．
川田学・白石優子・根ケ山光一（2016）．子育ての"手"をめぐる発達心理学：沖縄・多良間島の子守と保育から考える．発達心理学研究，27, 276-287.
村山友江（1997）．産育調査ノート．沖縄県女性史研究（1）．pp.78-107.
根ケ山光一（2012）．アロマザリングの島の子どもたち――多良間島子別れフィールドノート．新曜社．
大藤ゆき（1977）．児やらい．岩崎美術社．
多良間村史編集委員会（1993）．多良間村史 第四巻資料編3（民俗）．多良間村．

| 2章へのコメント
| **姉の力**
| 落合恵美子

　那覇の高校生になった「守姉」のYちゃんはRさんとの電話で「ウットゥ」のTちゃんの様子を聞いているという。「守姉」と「ウットゥ」の関係が21世紀の初めにも続いていることを示す貴重な証言である。

　そもそも「守姉」とは姉による弟妹の子守の拡張なのだろうか，それとも「名づけ親」や「かねつけ親」のようないわゆる擬制的オヤコ関係に近いものなのだろうか。守姉をつけたのは出生順位の早い子に多いようだ（1章図1-5, p.13）。出生順位が遅ければ子守のできる年齢の実姉がいる可能性が高いが，そうでない場合は親族関係など縁のある少女などに守姉を頼んだかもしれない。そう考えると守姉は姉による弟妹の子守の拡張に見える。

　姉による弟妹の世話は民俗学の事例として日本の各地で報告されている。「一姫二太郎」と言い，一人目は女の子，二人目に男の子が生まれるのが理想的とされるが，これは女の子に弟妹の世話を期待したからと考えられる。江戸時代の東北地方の資料を用いた歴史人口学的研究によると，姉がいる男の子の死亡率は，姉がいない場合よりも23パーセントも低かった（Tsuya & Kurosu, 2004）。弟妹の生命の守り手という重い役割を，姉は実際に果たしていた。

　守り手としての姉の姿は，日本の古い物語にも登場する。中世以来，説経節や浄瑠璃として語り継がれた「安寿と厨子王」を思い出してみよう。巫女か女神のような力を発揮して弟を守るのは姉であって，母はむしろ子どもに救済される存在である（片岡, 1988）。親子の別離も多く死亡率も高かった時代，同世代の姉のほうが頼りになったのかもしれない。

　さらに古代にさかのぼると，姉と弟の絆はこの国の根幹ですらあった。邪馬台国の王ヒミコは，弟とともに国を治めていた。姉妹と兄弟が対になった統治形式をヒメヒコ制と呼ぶ。「神宣を体する姫の職と，それを受けて執行する彦の職」（高群, 1955）という分掌があったとされ，天皇と伊勢の斎宮の関係もこの名残りと考えられる。

　ヒメヒコ制は，東南アジアから太平洋にわたる広範な地域で見られる。その基礎には姉妹は兄弟を守護する霊力をもつという信仰があると言われる。多良

間島を含む沖縄ではこれをオナリ（姉妹）神と言う。成長してからも「守姉」への気持ちは続くという本章を読んで考えると，オナリ神信仰の基底には，姉妹に世話され守られる兄弟という日常の関係があるのではないかと思う。

東南アジアでも姉妹，とくに姉の役割は重い。フィリピンではこの役割を「タガサロ」もしくは「マナナロ」という。「世話をする人，助けにくる人」という意味だそうだ。年長の子どもたち，とくに年長の女子であるアテが年下の兄弟姉妹を世話する責任をもたされる。たとえば33歳の教師ノナは，上の姉2人が独立したため，アテの役割を引き受け，両親と残っている弟妹，そして姉のひとりが置き去りにした甥姪2人の面倒をみている。ノナもそうだが，ひとりで大家族の世話をするという重荷に，原因不明の体調不良を患う「タガサロ症候群」に苦しむ女性もいる。ギブアンドテイクで姉がケアされることも必要だ（Arellano-Carandang, 1992）。

日本の多くの地域では親子や夫婦の絆に凌駕されるようになった姉妹兄弟の絆が，東南アジアや沖縄では重要な社会関係として生き続けている。責任をもつ対象は状況に応じて拡張するので，イトコなどが「守姉」を務めるケースはこの延長と見ることもできるだろう。

しかし，「守姉」にはもう一つの側面がある。特定の少女を選び，「両親がご馳走やお酒を持って」本人や家族に頼むということからは，自然な関係を超えた絆をつくるという意志がうかがえる。

「守姉」の習俗の報告されている地区は，若者宿の存在が報告されている地区と重なる。たとえば三重県の答志島には，中学校を卒業した同年齢の男子数人が「寝屋親」の家に寝泊まりし，漁の話をしたり娘遊びをしたりする「寝屋子」の風習が今も残る。寝屋親には実の親に話しにくい相談もできるそうで，オヤコの関係も寝屋子どうしの関係も一生続く。「守姉」ばかりでなく，さまざまなかたちで実の親子や家族を超えた人間関係をつくり上げることに長けた地域であるようだ。

このように見てくると，「アロマザリング」という表現はややふさわしくないように思えてくる。「母親以外の人物によって子育てを行う」とは，母親が第一養育者となった社会の「常識」を前提に，そうでない社会を見ているきらいがある。むしろ姉の養育役割が重い社会もある。そのような社会で実の家族

を超えた人間関係を構築しようとすれば,擬制的キョウダイ関係が発達する。つまり「アロシスタリング」と呼ぶのが素直だろう。「守姉」の二つの側面はこうして統合できるように思う。

引用文献

Arellano-Carandang, M. L. (1992). *Filipino children under stress: Family dynamics and therapy*. Manila: Ateneo de Manila University Press.

片岡徳雄 (1988). 日本的親子観をさぐる. 日本放送出版協会.

高群逸枝 (1955). 母系制の研究. 理論社.

Tsuya, N. O. & Kurosu, S. (2004). Mortality and household in two ou villages, 1716-1870. In T. Bengtsson, C. Campbell & J. Z. Lee (Eds.), *Life under pressure: Mortality and living standards in Europe and Asia*. Cambridge, Mass.: The MIT Press.

1部　アロマザリング――守姉という子育ての役割

3章
保育所の設立と守姉：その歴史的関係をさぐる

川田　学

はじめに

　本章では，多良間島における保育所と守姉というふたつのアロマザリングの様式について，両者の歴史的な関係づけを試みる。

1節　子育ての手

(1)　2月の島

　筆者が初めて多良間島に向かったのは，ある年の2月だった。在住する北海道は雪まつりが終わった頃で，やっと厳冬期を超えつつあった。13時間，飛行機を3回乗り継いで多良間島に着くと，そこは草木で青々としていた。

　翌日，村唯一の保育所へのご挨拶のため，迷いながら島内を歩いていると，高い鉄塔の上から村内放送が流れた。「塩川集落センター」という所で「農産品評会」があるという。保育所で所長さんにその話をしたところで，園の電話が鳴った。電話口の向こうの誰かに，所長さんが「川田先生ってさあ，来てるんだわ。あんたんとこにもいくかもねー」などと話して，こちらを見て笑った。

　目立つ看板もない島内，宿でもらった観光地図も大らかで，塩川集落センターへはふたたび道迷いしながら到着した。汗を拭きながら，館内に整然と並べられた農産品の数々を眺める。ふと，外からにぎやかな女性の声がした。電話口の向こうの方。当時の保育所主任で，保育所設立の翌年から35年あまり保育を担ってこられたA先生。筆者は，誘われるまま近所のご自宅に上がり，そこで昼食をいただいた。役場の昼休みで帰宅されていたご主人と差し向かいで，言葉少ない男ふたりと，にぎやかなA先生での昼食は，美味しかった。

(2)　子育ての手の変容

　多良間島には，子育てにまつわることわざも多い。次は，その代表といえる。

とぅけー　なすたかー　かたでぃーぬ　きぃ゜すむ゜
　　（ひとり産むと　片手が切れる）
　　ふたーり゜　なすたかー　ふたでぃーぬ　きぃ゜すむ゜
　　（二人産むと　両手が切れる）
　　みぃ゜たーり゜　なすたかー　かたでぃーや　むいるむ゜
　　（三人産むと　片手は生え出る）
　　ゆたーり゜　なすたかー　ふたでぃー　むいるむ゜
　　（四人産むと　両手が生え出る）

　このことわざは，「子育ての苦楽を示」し，「出産二人までは片手，両手をとられたような，不自由な生活を強いられるが，三人目を産むころからは，先の子が手伝ってくれるので，母は失った両手をとりもどしたように，楽になっていく」という意をもつ（多良間村教育委員会，2003，p.19）。

　多産礼賛の意を含む可能性も含めて慎重な考察が求められようが，ここではむしろこのことわざから，「子育ての手としての子ども」が想定されている点に着目したい。出生児数ではなく，子どもと子どもの関係における子育てのかたちである。多良間ではその象徴的な営みとして，守姉風習が継承されてきた。

　塩川集落センターで出会ったA先生は，高校卒業後に「内地」（沖縄では沖縄以外の日本をこう呼ぶ）に就職進学し，日中は働き，夜学に通って保母（当時）になるための勉強を積まれた。在学中に，多良間島に保育所ができることになり，都会での就職の夢も抱きつつ，郷里に帰ってくることになった。

　戦後の日本では，都市部と農山漁村および離島での時差を含みつつも，子守や異年齢集団による「子どもによる子育て」の形式は徐々に縮小し，親と専門的な資格を持った「先生」による子育ての領域が拡大した。同様に，おじ・おば・いとこのような少し離れた親族や，祖父母をはじめとした高齢者による子育ての領域も小さくなった。そのことは，人の育ちの過程における関係性の質の変容を意味している。

　以下では，とくに「育てる者」と「育てられる者」との関係性を表す概念として"子育ての手"という用語を用いる。すなわち，子育てを，先行世代による後続世代への一方向的な行為としてではなく，固有の意味をもつ関係性の上

に成立する事象として捉える。ある子育ての手は，その当事者（育てる者と育てられる者）が「何をどう学びうるか」を方向づける。コミュニティにおける子育ての手の変容は，当事者に新たな学びをもたらすと同時に，学びにくいものや，学び得ないものを生み出すだろう。

しかし，時代とともに変わる子育ての手とは，新しいものが旧いものに取って代わられるような単純な「置き換え（トレード・オフ）」の関係ではないのではないか。より旧いものは，新しいものと交渉しながら，新しいものの中でかたちを変えて息づこうとする。守姉と保育所は，それぞれがどのような子育ての手であり，多良間島の子育て実践においてどう交渉し，互いがもつ手としての意味を変容させてきたのだろうか。

2節　1979年：保育所の設立とその時代

(1) 「幼稚園2年保育」から「保育所」へ

多良間村立多良間保育所は，1979年（昭和54年）にできた。保育所は，どのような時代状況と人びとの期待をもって生まれたのか。ここでは，保育所設立運動の中心的存在であったBさんのお話から考えてみたい。

伊藤（2014）によれば，多良間保育所の設立運動に最後まで取り組んだ母親は3人おられ，Bさんは最年長者であった（1939年生）。共同研究者が事前の日程で多良間を訪れた際に，Bさん宅を訪問し，後日筆者がお話をうかがいたい旨をお伝えした。聞き取りの当日（2014年9月19日）は，連日の暑さに比べると少し爽やかな朝であった。共同研究者が文字で教えてくれた道のりをたどるが，やはり何本かの道を間違えて，午前10時すぎにBさん宅に着いた。

周囲で盛んにさえずる小鳥の声を聴きながら，了解のうえで録音機を回した。保育所の設立年に関する話題からはじめると，設立年度はよくわからないが「やっと運動して，（長男が）1年は入れたんですよ。その前に，いろいろやってね」とおっしゃった。そこで，運動の期間はどのくらいだったのかを尋ねたところ，「わりと早かった」として，次のように当時の状況を説明された。

「まあ最初は，3歳，結局，幼稚園が1年幼稚園だったんですよ。それ

で，結局3，4歳児がすごくもうそのまま，遊び放題で，もう教育がなかったもんですから，ぜひね，幼稚園の2年，せめて2年制の幼稚園でもやっていただけないかっていうふうな最初の要望だったんです」［あーなるほど，幼稚園のほうを］，最初は，［最初はもう1年と］，ええ，ええ，最初はね。ちょうどね，ほんとに3歳魂は百までと言いますから，そのときにすごく教育やりたかったんですよ。だけどみな野放しで，遊んでいる状態なんで，それで幼稚園の2年制でもやっていただけないかというふうに，役場や村長さんとかに色々いったんです」
（発話内容は意味を損なわないように適宜調整している。［　］内はインタビュアーである筆者の発話。ただし，相槌「なるほど」「ええ」等は省略。以下同。）

　この最初の一言で，筆者の想定は大きく覆された。それは，第1に幼稚園の話が出てきたこと，第2に親の「就労」についての話題ではなく，むしろ子どもたちの「教育」の話が出てきたことにかかわる。脳裏で，〈保育所―親の就労支援―保育に欠ける子〉という図式が崩れた。
　Bさんによる保育所設立の経緯は，概ね次のようなものである。最初，幼稚園の2年保育を実現してほしいと考え，役場の行政相談に行ってみた。その後，若い母親たちの集まりで，「子どもたちの教育をもう少し考えたほうがいいんじゃないか」と持ちかけ，「やろう」ということになった。残念ながら，役場の返答はすぐには無理というものだった。しかし，当の役場から別の提案があったという。「保育所ならすぐできる」と。「保育所なら，タイミングが良くて，それならできます」と。
　その後，Bさんたちによる聞き取りや，厚生課によるアンケート調査も経て，1978年5月に保育所開設の計画書が県に提出されると，間もなく8月に認可が下りた（伊藤, 2014）。当時は，どういった時代状況だったのだろうか。
　戦後の米軍統治下で，沖縄の保育所整備は，日本本土に比して大幅に立ちおくれた。神里（2014）によれば，1972年5月のいわゆる「本土復帰」にともなって成立した沖縄振興開発特別措置法に基づく「沖縄振興開発計画」には，10年間で保育所を新たに224か所（児童1万3,400人分）整備すると謳われていた。結果として1972年から1981年に204か所が整備され，認可保育所は94か所

から298か所へと3倍以上に急増した。多良間保育所も、この時代に新たに生まれた204か所のうちの1つであった。

 ただ、その背景には固有性がある。長男を保育所に預けたBさんも、当時就労していたわけではなく、若い母親たちが雇用されるような場もあまりなかったという。多良間島の保育所は、都市部のように、保護者の労働によって日中の保育に欠ける子どもの状況を背景としてはなかったと想像される。むしろ、保育所を生み出した重要な集団的動機の1つは、「教育」への期待であった。「野放し」で遊んでいる3、4歳児の姿に疑問を抱いた若い母親たちが、幼稚園の2年保育を求めた運動の展開によって、保育所が誕生した。そして、その思いは3、4歳児の保育（教育）の場を生み出すだけでなく、結果として3歳未満児の集団保育という新しい子育てのあり方をもたらした。

(2) 3歳未満児と3歳以上児

 守姉による子守と、保育所保育の歴史的関係に関心をもっていた筆者は、「子守をする人はいなかったのでしょうか」と尋ねた。すると、Bさんは「見る人はみんなおばあちゃんですよ」として、次のようにおっしゃった。

> 「まあ3歳児まではおばあちゃんで、2歳3歳まではできますよね、おばあちゃんで。でも、ちょっと教育っていうふうになったら、専門的な方にやってもらいたい。私たち親ではちょっと無理ですよね、もう。だから、教育はちょっと専門の方がやっていただけたらなというふうな感じになって。その野放しの子どもたちが、もう一か所でいろいろと教育を受けるようなかたちを、というふうなかたちをもってきたんです」

 多良間島の子守＝守姉という思い込みを持っていた筆者にとって、正直なところ「おばあちゃん」の存在は十分意識されていなかった。いわゆる"おばあちゃん仮説 grandmother hypothesis"（O'Connell, Hawkes & Blurton-Jones, 1999ほか）のように、高齢女性が孫の子守りに重要な役割を果たしてきたという観念は、進化人類学や心理学等でしばしば援用される。そのために、おばあちゃんによる子守を、当然視してしまっていたのだと思われる。Bさんの言葉

に，あらためて子守の主体としてのおばあちゃん（高齢者）が，多良間島の子育てを考えるに不可欠の存在であることを認識した。

　3歳まではおばあちゃんでも（親でも）できる，しかし，それ以上は「専門的な方」による教育が必要だと考えた当時のBさんたち母親の子育て意識には，日本本土も含む同時代性が垣間見える。日本における幼稚園就園率（5歳児）のピークは1980年前後であり（64.4％），全国的に幼稚園教育（3歳以上児に対する幼児教育）への期待が高まっていた。一方，戦後日本の保育所づくり運動を研究した橋本（2006）によれば，1951年に児童施設研究会が厚生省担当課の援助を受けて行った調査では，託児理由の第1位は「母親が働くため」（40.1％）であるが，第2位は「子供の教育のため」（34.9％）であった（同，p.47-48）。保育所は一般に保護者の就労支援のための施設と思われがちであるが，戦後保育所を求めてきた当事者の生活現実からすれば，「子どもの教育」という側面を決して過小評価することはできない。

　なお，母親たちの間には3歳未満児の集団保育の意義についても，意識がなかったわけでもないようだ。伊藤（2014）によれば，若い頃に都内の乳児院で1年間勤務した経験をもつ設立運動リーダーの1人（Bさんとは別の人）は，「幼い乳幼児にとって集団保育の教育的意義と，一方多良間村における保育所の必要性を痛感した」（伊藤による記述）と述べたという。

3節　保育所と守姉

(1)「守姉から保育所へ」？

　保育所が設立された頃は，他方で守姉の姿が見えなくなっていく時代であった（川田・白石・根ケ山, 2016）。ゆえに，一見，子守の機能が保育所に代替されるようになったともみれる。実際，白石（川田ほか, 2016）によれば，調査初期において「守姉は保育所ができたので，しなくなった」という声がたびたびきかれた。しかし，白石らが聞き取りを進めると調査当時（2012～2016年）にも守姉をしているという話があり，調べてみると1993～2002年生まれの21名の協力者の52.4％が守姉として子守の経験があると回答した。

　全体として，守姉の姿は減少傾向にあったものの，まったくなくなっている

わけではなかった。「守姉から保育所へ」という単純な「置き換え」図式は成立しにくいだろう。子育ての営みの実際は、そう割り切れるものではない。一面で、守姉が近年まで残り続けてきた事実は、保育所との役割の違いがあることを意味しているように思われる。他面では、幼子の命を養い育む子育ての手として、多良間島の守姉と保育士につながりをみることも不思議ではない。この点については、次節で改めて考える。

　ところで、戦後沖縄の出生力転換をめぐるポリティクスを分析した澤田（2014）は、ジェンダー化された育児の場において実践されてきた、女性たちのネットワークの諸相を取り上げている。その1つとして、子守を雇った母親と、子守として雇われた女子の間の関係がある。米軍統治期の本島北部や離島の暮らしは貧しく、女子の高校等への進学は困難だった。そのなかで、住み込みで働ける子守は女子にとっても比較的安心できる仕事であり、家族にとっても「口減らし」の意味で重要だった。澤田の協力者の中には、子守として雇った女子に学費等を支払ってあげ、定時制高校や洋裁学校に通う機会を提供している事例もある。このことは、労働としての子守が、「働く母親と世代および階層の異なる女性のもう一つの『連帯』としての位相をもって」（同, p.323）おり、単なる経済活動にとどまらない可能性を示唆する。

　澤田は、女性たちの利用した育児支援が、子守の雇用が多い世代から保育所の利用が多い世代に変わっていくことを捉えて、保育所ができたことによって子守の雇用が減少したと考えられるとしている。つまり、育児支援のあり方を「置き換え」で説明していることになる。仮に、経済活動以上の意味が子守にあったとしても、そこに定位家族（当人が生まれ育った家族）の生活に貢献するほどの定期的な賃金が発生する以上、母親にとっても女子にとっても、子守のもつ圧倒的な意味は経済的なものであったろう。ゆえに、より安定的・専門的で、保育料が応能負担である保育所ができたならば、母親の選択肢は子守から保育所に移行するという説明は、おそらく妥当な推論である。

　一方で、守姉は賃労働ではなく、階層的な方向性（下から上へ）が固定した奉公でもない。具志堅（2013）はいくつかの民族誌等の整理に基づき、守姉を「広義の子守りに含まれる保育システムのひとつであるが、賃金労働ではなく、家族構成員でもなく、近隣・親類・知人に頼まれる子守りシステム」（同,

p.45)と定義している。やはり，守姉の場合は，経済原理に基づく「置き換え」による説明がそのまま適用しにくい。仮に，1979年に保育所が設立されなくとも，やはり守姉は，その以前の姿としては減少していったのではないか。おそらく，守姉と保育所は，単体同士で置き換わるような相互に独立した系ではなく，共通する歴史的状況の中で同時に変容した。その共通項として考えられるのは，子ども（とくに3歳未満児）が減ったこと，生活が便利になったこと（電気，水道，ガスのような基本的な生活インフラの充実），そして，教育（学校教育）への期待の高まり，である（川田ほか，2016）。

(2) 無視できない「子ども－大人比」

　ここでは，子どもの減少に着目してみたい。筆者らは，戦後の多良間村において，子育ての手の量的変容を知るために，「子ども－大人比」（adult-child ratio，以下A/C比）という指標を用意した（川田ほか，2016）。A/C比とは，当該コミュニティに生活する子ども（0～14歳；年少人口）1人あたりに対する大人（15～64歳；生産年齢人口）の数である。なお，年少人口は，5歳範囲の年齢階級で3階級，生産年齢人口は10階級であるため，A/C比の理論値は3程度になることが予想される（多良間村には高校がなく，中学卒業後多くは島外に進学するため，15歳以降の前期青年期の人口的空白が生まれることは考慮すべきである）。国勢調査（総務省統計局）の人口データに基づき，戦後多良間村（1950～2010年度）の子ども－大人比を計算してみると，驚いたことに，1950年から1970年度までは，ほぼ"1"で推移していた（図3-1）。1ということは，理論値に対して約3倍も子どもが多い（大人が少ない）ということになる。子育ての手の絶対量が不足していた状況が推察される。

　さらに，沖縄県統計資料WEBサイトの人口データをもとに，3歳未満児の人口を計算したところ（図3-1中の○印参照），1950年度における多良間村の総人口に占める3歳未満児人口の割合は，10.76％にのぼった。この時期は，14歳以下の子どもが多いだけでなく，村民の10人に1人が3歳未満という状況であった（同年度全国では8.79％）。ちなみに，国立社会保障・人口問題研究所の推計（2012年）によると，2050年の日本の人口構成では，0～14歳までの年少人口全体が総人口の9.7％にすぎなくなる。1950年頃の多良間島の幼子の多

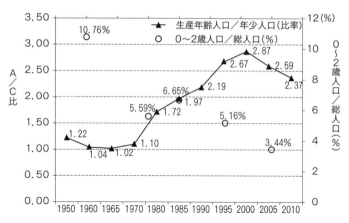

図3-1 多良間村における子ども一大人比（A/C比）の推移
注　左軸のA/C比が高いほど，子ども（年少人口）1人あたりの大人（生産年齢人口）の数が多いことを意味する。右軸は，村の総人口に占める3歳未満児の割合を示す。データソースは国勢調査（総務省統計局）および沖縄県統計資料WEBサイト（http://www.pref.okinawa.jp/toukeika/）。

さが実感できる。

　1950年から1970年頃までのA/C比と3歳未満児人口を考えると，本書2章において，1943〜1952年生の女性協力者の約9割もの方が守姉として子守の経験があると回答したこともうなずける。A/C比は，子どもに対する大人の数，つまり潜在的な子育ての手の量的指標と考えられるが，この時代の多良間村では，人口学的には「子ども」に分類される女性（および男性）の多くが，むしろ育てる側の役割を担っていたことがわかる。

(3) 子育ての手の質と女性のライフサイクルの変容

　しかし，「本土復帰」を境にした1970年から1980年にかけて，多良間村のA/C比は急激な上昇トレンドに転じ，以後2000年の2.87まで駆け上がった。3歳未満児の人口も減少を続け，2015年度国勢調査では総人口に対し約2.5％となっている。母親たちが幼稚園の2年保育を求め，結果的に保育所が開設された1970年代というのは，多良間島の人口動態史において，出生児数の減少が明確になった時代でもあった。子育ての手の"量"という観点からみれば，それ以前の時代に比べれば手に余裕が生まれ始めた時代であった。保育所設立を

後押しした母親たちの動機は，子育ての手の量を求めたものではなく，その新たな"質"（≒教育）への期待を意味した。そしてそれは，戦後の保育所づくり運動に共通した動機だったと言っても過言ではない。

澤田（2014）は，「沖縄の出生率はなぜ高いのか」という「少子化」言説を背景とした問いのパターンに対して，むしろ人口データを素直に読むならば，「なぜ，どのように沖縄の出生力は低下したのか」を主題化すべきとして，問いの視角を鋭く転換した。いま，多良間島のA/C比を顧みれば，当地において1970年頃からの出生力転換は明白である。

ここで十分な論拠と分析力をもって述べることはできないが，この転換は多良間島における「女性のライフサイクル」の全般的変容を背景とし，またその背景となったのではないか。女性は，子どもの頃から学校を主たる生活の場とするようになり，多くが後期中等教育以降に進学し，島に帰って来なくなり（来られなくなり），子どもをあまり産まなくなり（産めなくなり），そして，老後もかつてのようには子守りをしなく（できなく）なった。女性のライフサイクルの変容は，当然ながら，男性も含むすべての人びとのライフサイクルの変容を意味する。保育所が設立された翌年の1980年には，老人福祉センターも落成した。かつて，子守りの主体として生きた「おばあちゃん」の老後も，同じ時代に少しずつ変容していったものと思われる。

では，多良間島において，守姉はなくなってしまったのだろうか。現在も，1章でみたようにわずかながら守姉的な関係がみられるが，こうした実体としての守姉とともに，多良間島というコミュニティにとって守姉が果たしていた役割や持っていた意味というものは，どうなったのか。そして，新たな育児支援の場として生まれた保育所は，1979年から現在に至るまで，どう変わってきたのか。最後に，この点を考えてみたい。

4節　2000年：子育ての変容と保育所のチャレンジ

(1) 実践としての保育所

筆者は，これまで5回多良間島を訪問しているが，冒頭に述べた初回から，多良間保育所のもつ一種独特の雰囲気を感じ続けている。それは，札幌から

2500km以上も離れた多良間島であることを時に忘れさせるほど，保育所保育としての共通性を持っていることと同時に，確かに多良間であることを感じさせる固有性が，入れ替わり立ち替わり現れるような感覚である。保育所というハコではなく，"実践としての"多良間保育所は，どのようにしてできてきたのか。ここでは，C先生の話に耳を傾けたい。

　C先生は，「本土復帰」の直前にパスポートとドルを携えて上京し，都内の短期大学に入学した。保育科を卒業後，都内某区の私立幼稚園に就職し，7年間勤務した。多良間保育所には，設立2年目の1980年から勤務し，以後主任・所長と，定年まで勤め上げた。

　筆者は，C先生に2回インタビューを行い，C先生の視点から，多良間保育所での取り組みの経緯をうかがった。2年目から保育所に入ったこともあり，C先生には「遠慮していた部分」もあったが，主任の頃から，ある考えをかたちにしようとした。それが，「多良間の，この地域に根ざした保育」である。

> 「所長をしてからはとくに，保育所を地域に開放しようと，若いお母さんたちに保育所に足を運んでもらって……お誕生会や，行事等参加して，子どもたちの様子を見てもらうだけで，保護者も勉強になるし，子育てが楽しんでできるように……」（①）
> (①はインタビュー1回目2014年9月18日，②は2回目2015年12月13日を意味する。"……"は中略。C先生の発言部分については，C先生ご自身にもご確認いただき，意味内容を保持して適宜調整した。以下同。)

　所長になって2年目の2004年に，保育所が郊外に新築移転することになったこともきっかけになった。それまで役場に近い中心部にあった保育所は，村の人びとからも見えやすく，文字どおり地域の中にあった。郊外に移ると，それまで孫の手を引いて送り迎えをしていた祖父母も，保育所に足を運びにくくなった（同様に，かつてはよく見られたという小学生の兄姉の送迎も，しにくくなっただろう）。そのために，保育所と地域とのつながりをつくる機会や方法を意識的に考えていくことになった。

　ただし，そうした物理的な変化は背景の1つにすぎないかもしれない。C先

生が主任・所長と在任した2000年前後には，すでに民話や方言といった郷土の色彩豊かな実践が重視されるようになっていた。

> 「たとえば，地域の民話を取り入れたりとか，紙芝居作ったりとか，方言での色々な紙芝居をしたりとか……これからこういうことが大事だから，みんなやっていこうと」(①)

もし，中心地から離れたことだけが問題であったなら，保育内容まで見直す必要はなかったかもしれない。日々の遊びに伝承遊びやわらべ歌を取り入れたり，重要無形民俗文化財・八月踊りにちなんだ遊びをしたり，運動会を地域の誰もが参加できるような行事にしたりと，保育所の保育を多良間島の時空間に調和させようとした取り組みには，やはり多良間の子育て全体の変容を，保育所がとらえていたからではないか。

(2) 「子育ての島」の時代

一時期，多良間島は「子育ての島」としてマスコミでも取り上げられた。きっかけは，2000年前後に合計特殊出生率が全国1位（3.14；同時期全国平均1.35）になったことである。しかし，その頃から，C先生らは子育ての変容を感じ取っていた。C先生が子育てをしていた頃（1980年代）は，まだ守姉は盛んで，「別に保育所があるからネエネエがいらないとかじゃなくて」として，次のように振り返られた。

> 「何年だっけ，出生率日本一は……何かその時代には，お母さんたちが何でおばあちゃんにお願いしないかとか，何でおばあちゃんに明日運動会があるのを知らせなかったかとか，言ったりしていたんですよ。何かあったときにおばあちゃんにお願いして，迎えに来てもらえばいいさとか……もう少しおばあちゃんにも，みんな協力してもらったほうがいいよ，みたいな」(②)

保育所は，子どもの24時間の生活を見通しながら保育を行っている。日々の

送り迎えや行事にかかわる連絡などの些細なコミュニケーションに，C 先生ら保育士は，多良間の子育ての現実の変化を読み取っておられたのだろう。図3-1でみたように，2000年頃は，多良間村の A/C 比が戦後最高値に達しており，人口構成的には子育ての手にゆとりが生まれた時代である。しかし，子育ての手の質という面でみると，それまで確かな担い手であったおばあちゃんやネエネエ（守姉）の存在感が薄れてきていた。

　保育を含めた人間の諸実践は，その歴史的・構造的な力学を抜きに語りえないが，同時に，いつも固有名を持つ個人の言葉や行為において具現化される。C 先生と多良間保育所の保育との関係は，彼女が「15の旅立ち」をして定時制高校で苦学し，その後10年あまり東京で学び働いた経験をおいて考えることはできないだろう。

　　「私は多良間で生まれて，多良間で育って，東京へ行って……帰ってきた
　　分，自分の故郷の大切な部分をたぶん感じたと思うんですよ」（②）

　C 先生は，所長時代に，「虐待」や「気になる子」といった当時の全国的な動向もとらえ，「保育士の質の向上が大切」と考えて，月１回の園内研修も取り入れた。折しも，平成の大合併で宮古島市ができ（2005年10月），多良間村はそこには入らなかった。それまでは宮古郡の一支部として，月１回宮古島での所長会に出席したり，毎年研究発表をしたりと，実践を交流して研鑽する機会があったが，合併から外れたことにより徐々にそれも減ったという。

　C 先生も子ども時代に守姉の子守で育ち，また守姉として誰かを育てた。その記憶を持つ個人であることと，東京の幼稚園で積んだ経験の両方を多良間保育所の実践として具体化しようとされたのかもしれない。それが「多良間の，この地域に根差した保育」という表現に込められているのではないか。

　先述のように，これまでの調査から，筆者は多良間島の守姉と保育所は歴史的にその役割と意味を「置き換え」たものではないとみている。むしろ，「すみ分けつつ，生かし合っている」のではないか。「すみ分け」という表現は，保育所設立後も守姉は実践され，いまもかたちを変えながら残っていることを意味している。「生かし合っている」というのは，守姉と保育所がそれぞれの

経験を互いに学び取っているということを意味している。つまり，多良間島の守姉風習が培ってきた子育ての手としての質が，保育所保育の中に生きているのではないかということ，そして，島の「大きい子ども」たちにとって，保育所の40年の蓄積が子育てについて教えてくれることも小さくないはずである。

かつて，守姉や守子を経験した保育士の手には，有資格者としての標準化された資質が備わっていると同時に，ヴァナキュラーな（土地に根差した）経験と記憶が折りたたまれている。守姉は，多良間島の風土に根差したアロマザリングの象徴であり，それは保育士の手において息づいているのではないか。ただし，島外出身者や比較的若い世代も増えるなかで，C先生がその必要性を感じたように，生活と遊びを通した意識的な取り組みがこの20年ほどの間に生まれた。筆者が初めて訪れた2014年2月，隣接する中学校の生徒たちが，保育所に遊びに来る行事があった。今では全国どこでも見られる光景だが，多良間においては固有の歴史的意味を持ちうる実践である。保育所の取り組みは，時代の変化のなかで，島の子育てがバランスを失いかけていることに反応した，〈守姉的なるもの〉の意識化を意味するチャレンジなのではないか。

おわりに：人の育ちにおける〈守姉的なるもの〉とは

文化も生命システムの延長である以上，ホメオスタシスのような機能があるだろう。恒常性を維持しようと動きながら，それでも少しずつ変わっていく。多良間という文化システムは，人間の一生にかかわる豊富な実践形態を擁している。それらの意味や内容も少しずつ変わっているだろう。しかし，多良間が多良間であり続けるかぎり，〈守姉的なるもの〉しか果たせない役割があるのかもしれない。保育所も，その役割の一部を担っているように思われる。

ただ，筆者にはいまだに一つのひっかかりがある。それは，守姉と守子の間の「個人的関係」（具志堅, 2013）についてである。具志堅は，沖縄各地の守姉に関する民族誌と自身の調査に基づきながら，守姉は一般的な仮親の風習に含まれつつも，地縁共同体や親族集団から相対的に独立した個人と個人の関係として意味を持つとの仮説を述べている。実際，守姉と守子の関係は一代かぎりであり，親族のように関係が継承されるわけではない。多良間島には，トゥイ会と呼ばれる生まれ年ごとに世代を繋ぐ風習・行事もあり，今も続いてい

る。トゥイ会の関係性は，生まれ年という共通性によって子々孫々まで連なりうるものであり，それは生年祭というかたちで年男・年女が一堂に会するハレの側面をもつ。これに対して，守姉にはそうしたコミュニティ全体としてのハレの舞台があるわけではなく，日々の子守を介した守姉と守子の一代かぎりの個人的関係が基調となっている。筆者の「ひっかかり」とは，この日常の個人的関係における人の育ちが，現在の多良間島のどこでどのように補償されているのかという問題についてのものである。この点は，今後の課題としたい。

　C先生は，移転した新しい保育所の庭に，毎月木や草花を植えたという。それは，園庭（kindergarten）に多良間の風土を根づかせようとする営みだったのかもしれない。青々とした芝生の園庭の端に，C先生が植えたガジュマルが枝を広げている。砂場で遊ぶ子らを包むように，木陰をつくっている。そのシンボルツリーは，変わり続けるなかにも一貫した多良間の子育ての息づかいを感じているのだろうか。

引用文献

具志堅邦子（2013）．守姉という存在．沖縄国際大学地域文化論集，*15*，45-63．

橋本宏子（2006）．戦後保育所づくり運動史──「ポストの数ほど保育所を」の時代．ひとなる書房．

伊藤わらび（2014）．沖縄県多良間村の子育て環境3──多良間村立保育所開設への津嘉山氏の取組．日本保育学会第67回大会発表要旨集，351．

神里博武（2014）．沖縄保育の歴史──沖縄における保育問題の形成過程．浅井春夫・吉葉研司（編）沖縄の保育・子育て問題──子どものいのちと発達を守るための取り組み（pp.187-218）．明石書店．

川田学・白石優子・根ケ山光一（2016）．子育ての手をめぐる発達心理学──沖縄・多良間島の子守と保育から考える．発達心理学研究，*27*（4），276-287．

O'Connell, J. F., Hawkes, K. & Blurton-Jones, N. G. (1999). Grandmothering and the evolution of Homo erectus. *Journal of Human Evolution, 36*, 461-485.

澤田佳世（2014）．戦後沖縄の生殖をめぐるポリティクス──米軍統治下の出生力転換と女たちの交渉．大月書店．

多良間村教育委員会（2003）．多良間のことわざ．多良間村教育委員会．

> 3章へのコメント
> ## 異質な二つの子育ち支援の視点から
> ――21世紀後半からの人間生活を見通して
>
> 金田利子

はじめに

対象となる川田論文は，多良間島の保育所と守姉という二つのアロマザリングの様式について両者の歴史的な関係づけを実際の保育所の取り組みなどを踏まえて論じている。結論的には「すみ分けつつ生かしあっている」のではないかとしている。

ここでは，子どもが育つ親の子育てと保育所という二つの性格の違い等，近代以降の普遍的な課題における守姉の位置を明確にしたうえでの関係づけという点に絞って見解を述べる（注：子育ち支援と子育て支援を使い分けている）。

（1）子育ちに必要な二つの支援

筆者は，社会的な子育てシステムが設立してきた近代以降においては子どもが個人としてまた社会人として育つには二つの異なる観点からの子育ち支援（者）が不可欠だと考えてきた。

一つは親の子として，もう一つは社会の子としての支援者である。前者は，よく親馬鹿といわれるが，親でもそれに代わるものでもいいが，とにかくあくまで個に寄り添って，一般的にではなく，その子の守り手になる立場である。後者は，社会の子になるために公平に指導や教育をしていく立場の支援であり公的機関がそれにあたり，担い手は保育者ないし教師である。

ここで，親の立場の者は自分に最も身近なものとしてひいき目に子どもを見ていくが，子育ての学習を積み上げていくなかで社会の子としての見方を育てていく。一方教師等の立場は自分とは関係のない役所等から配置された子どもに役割としてかかわるのであるが，育てていくなかでかけがえのない教えの子になり個性をとらえ個別的な情愛がわいていく。前者は不特定多数ではなくわが子ないしはそれに代わる特定の子になるが，決して一時では終わらない生涯つながる関係になる。また，後者は，恩師としてのつながりはあっても直接責任を負いきるのは担任している一定の時期にかぎる。この二つの「愛」の路線の交叉のなかで子どもは自己肯定感を形成し個人としてまた社会の子としても

育つことができる。

（2）二つの支援における守姉の位置と第二の親としての役割

　上の考え方からすると守姉は親の側に位置づく。もちろん社会的な場のない時代には両方を兼ねていたが，保育所の出現により，その位置が明確になる。

　筆者が仮説的にあたためてきていることがある。それは，前者に，親以外の生涯つながる大人がもう一人，つまり第二の親がすべての子どもに必要なのではないかということである。その第二の親は，時々訪問してかかわったり，少し子守を引き受けたりしていくなかで愛着関係を形成していく。親よりやや距離を置いてかかわる人ともいえる。あるときは親の相談相手でもあるが，子にとっては発達に応じて親に言えないこと等の相談相手になる人のことである。それがあれば，育児不安も虐待もぐんと軽減されるに違いない。農業時代においては，叔父・叔母やいとこ・きょうだいや地域にそういう人が自然にできていたが，近代化の進行とともにそれがなくなってきた。

　多良間島の守姉は，これからはまさにこの第二の親に相当する。たくさんの子どもをみるのでなく，一代かぎりとはいえ生涯守姉と守子の個人的関係が続いているし，金銭関係が生じないという点からもそうである。この点からも，今後の日本の子育ての在り方に向けて守姉の存在から学べることが見いだせる。

　本論の執筆者である川田も，守姉が減少し保育所が設立したからといって「『子守から保育所へ』という単純な『置き換え』図式は成立しにくいだろう」と述べているが，上の視点からすると守姉による子育てと保育所の子育ては異なる筋道にあるので，当然置き換えはできないし，まさに単純に置き換えてはならないであろう。

（3）これからの両者の関係

　では，これからの展望として二つの関係をどう発展させたらよいか。「第二の親をすべての子どもに」ということは言うは易く，実現は厳しい。制度的に義務にしてしまってすむ問題ではないからである。そのなかで保育所がどのような役割が果たせるかが問われる。

　多良間村では，トゥイという世代間交流の会があるというのは確かに他に類を見ない。今日本全体においては，意識的な取り組みとして世代間交流が盛ん

になってきている。農業時代に自然にできていた世代間交流を今では自覚的に企画する必要がある。ちょうど生活環境の自然破壊に対してビオトープ運動がなされてきたように。日常的に世代間交流をしている東京の江戸川区にある江東園などでは，養護老人ホームの元気なお年寄りと子どもたちの日常的な関係ができている。そういうなかで個別の関係ができるように，緩やかに，施設の側が手を貸してもよい。多良間村の中学生が自然に保育園に立ち寄るというが，日本全体において家庭科教育などで，子どもとの触れ合いを授業に入れており，少しずつ，幼い子どもへのかかわりへの意識的な実践が積み上げられてきている。大切なのは地域づくりにおいて両者が結合することではないか，そしてそのなかで自然発生性を重んじつつ，第二の親になる関係をつけていく緩やかなコーディネートシステムを作っていくことが望まれる。

おわりに―近代以後の人間生活の展望における「守姉と保育所」

保育所ができたということで，子育てが核家族の親と保育所だけになり，守姉のような存在が希薄になってしまっては，これまでの歴史が水の泡になる。前近代的なものの良さを保育所という近代の産物の中に取り入れ近代の良さと合流し，新たな地域がインクルーシヴなものになっていくように創っていくとき，守姉の発展形としての第二の親も自然に生まれていくであろう。

それは，日本社会のひいては世界史的にも近代を超えた老若男女はもちろん多様な人々の平等な新たな生活のシステムづくりに貢献していくものと考える。

4章 大人がいだく子ども像

石島このみ・白石優子・根ケ山光一

はじめに

　第1著者が初めて多良間島を訪れた2011年3月,守姉による乳児の世話場面を観察する機会に恵まれた。そこでは,守姉である小学校高学年くらいの女の子が,歩きはじめの血縁関係にない乳児を相手に,ベビーカーでの散歩や遊び相手,おむつ替えをしていた。守姉の世話はとてもスムーズで,乳児が泣いても戸惑いは一切感じられない。それだけでも驚きだったが,同時に印象的だったのは,乳児の母親の様子だった。わが子を血縁関係にない他者に世話してもらうという状況は,母親にとってある程度の心配がともなうものだろう。しかもその他者が子どもであれば,なおさらである。しかし,その母親は違った。守姉と母子の三人で散歩に出かけると,母親は散歩の途中で守姉にわが子をまかせ,家に帰ってしまったのである。守姉とわが子が帰宅し,同じ家の中にいても,母親は離れたところで淡々と家事をこなす。守姉に世話の仕方を教えることはないし,わが子が少しくらい泣いても,あまり気にするそぶりも見せない。ほとんど心配の色が見られないのだ。無論,母親が子どもに関心がないわけではない。子どもが大泣きしたときはすぐさま様子を見にきて対応していた。総じて,母親から子どもたちに向けられるまなざしはとてもおおらかで,子どもというものに対するポジティブなイメージと,守姉に対する厚い信頼が感じられた。

　大人が子どもに対していだくこうしたイメージ,すなわち子ども像は,その時代や地域に生きる大人と子どもの関係性や社会文化的な価値観を鏡のように映しだす。本章では,多良間で生きる大人たちがいだく子ども像について,東京のデータと比較しながら検討し,多良間における大人と子どもの関係性のあり方やその特徴について考えていきたい。その前に,まずは子ども像をいだく当事者である多良間と東京の大人たちが,子ども時代にどのような子育てをされてきたのか,その様相について筆者らの調査をもとにみていこう。

1節　調査・分析概要

　筆者らは，現在子育てをしている，あるいは過去にしていた男女（以降「養育者」と表記）を対象として，多良間と東京において質問紙調査を実施した。質問紙は，①子ども時代にどのような子育てに関する経験をし，現在どのような子育てをしているのかを尋ねる質問群と，②「10歳頃の女の子」にどのようなイメージをいだいているのかを尋ねる質問群の二部によって構成された。②において，子どもの中でもとくに「10歳頃の女の子」に焦点化した理由は，多良間島において「守姉」となるのが主に女児であり，その開始年齢が10歳頃であるためである。本章では，2節において①，3節において②の結果の一部について報告する。

　回答者数は，多良間100名（男性37名，女性51名，不明12名；平均年齢40.5歳），東京117名（男性37名，女性75名，不明5名；平均年齢40.7歳）であった。質問紙調査は，多良間では2014年9〜11月，東京では2014年12月〜2015年1月に実施された。

　①の子ども時代の子育ての経験に関する分析では，子ども時代から現在まで多良間あるいは東京に定住している人の経験を比較するため，中学卒業後に多良間あるいは東京に転居してきた人は除外して分析を行った。分析対象者は多良間60名（男性31名，女性27名，不明2名；平均年齢42.5歳），東京59名（男性23名，女性36名；平均年齢40.1歳）であった。②の「10歳頃の女の子」のイメージに関する分析では，すべての回答者を対象として分析を行った。

2節　東京と多良間における子育ての様相

(1) 何人の，どのような人から世話をされたのか

　多良間は「アロマザリングの島」（根ケ山，2012）であり，母親以外の人が子育てに頻繁にかかわる。では多良間の大人たちは，自分の子ども時代，何人の，どのような人から子守や身の回りの世話をされてきたのだろうか。またその様相は東京と比較したとき，どのような異同がみられるのだろうか。これについて分析した結果，多良間の子育ての特徴の一端が明らかになった。

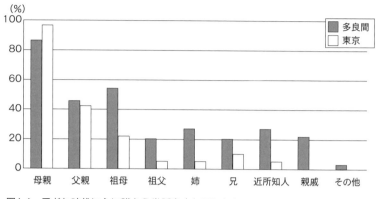

図4-1 子ども時代に主に誰から世話をされていたか

　まず、自身の世話をしていた主な人物としてあげられた人数の平均は、東京では約1.9人、多良間では約3.1人であり、多良間のほうが人数が多かった。次に具体的にどのような人から世話をされていたのか、その内訳をみてみると、ここにも違いがみられた（図4-1）。東京では「祖母」を選択した人は22％と、「父親」を選択した人の半数程度であるのに対し、多良間では54％と、半数以上の家庭において「祖母」があげられ、その数値は父親を超えていた。多良間では、「祖母」が子育ての手として重要な役割を果たしていたことがわかる。ほかの人物については、東京では10％程度かそれに満たなかったのに対し、多良間ではどの人物も軒並み20％以上であった（「その他」を除く）。多良間のデータにおける「親戚」には、「おば」や「いとこ」が含まれていた。

　これらをふまえると、東京の養育者たちは子ども時代、おもに「母親」と「父親」によって育てられていた一方で、多良間の養育者たちは、父母に加えて「祖母」をはじめ「姉」「近所知人」「親戚」などを含めたより多くの多様な人物の手によって育てられたと推測できる。核家族化や地域ネットワークの希薄化によって東京の子育て家庭が孤立する一方で、多良間では豊かな親類・地域ネットワークのうえでの子育てがなされていたと考えられる。

(2) きょうだいではない子どもの世話の経験

　先にみたデータ（図4-1）から、多良間では「姉」や「兄」が2割を超える

4章 大人がいだく子ども像

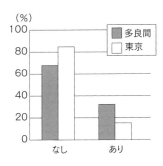

図4-2 きょうだいではない子どもの世話をした経験

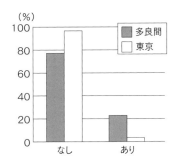

図4-3 きょうだいではない子どもによる世話をされた経験

割合で子育ての手に含まれていたことがわかる。なお，分析対象者のきょうだいの人数についても比較した結果，東京は平均1.5人，多良間では平均3.9人であり，多良間の養育者は東京の養育者よりもきょうだいが多かった。このことが多良間における「姉」や「兄」による世話の数値の高さに影響を及ぼしていた可能性がある。

では，多良間の風習である守姉を含む，「きょうだいではない」年上の子どもによる世話についてはどうだろうか。養育者たちに，自らが小・中学生時代にきょうだいではない年下の子どもの世話を継続的に「した」ことがあるか，そして乳幼児〜小学生時代にきょうだいではない年上の子どもから世話を継続的に「された」ことがあるかについて尋ね，多良間と東京で比較した。その結果，した／された経験ともに，「あり」と答えた回答者が多良間のほうが東京よりも多かった（図4-2，図4-3）。

世話をした／された経験が「ある」とした回答者は，多良間でも2，3割と数値からすればそう多くはない。しかし多良間島では，島内のいくつかの特定の場所で異年齢の子どもたちが群れて遊ぶのが常で，家と家の垣根が低く，互いの家の往来も多い。養育者たちの子ども時代も，自身が世話の当事者になることはなくとも，年上の子どもによる，きょうだいではない年下の子どもの世話がなされている場面に遭遇する機会は多かったのではないかと推測される。そのような環境で育てば，近しい血縁関係がなくとも年上の子どもが年下の子どもを世話することは，ごく自然な行為と受けとめるようになるだろう。ま

た，子ども時代に年下の子どもの世話にかかわったり，それを見聞きしたりする経験は，将来の自らの子育ての予備体験となるに違いない。

(3) 子どもの世話経験が少ない東京の養育者

その一方で見過ごせないのが，東京の養育者たちの，きょうだいではない子どもの世話をした経験／された経験の少なさである。東京では，きょうだいではない子どもの世話をした経験「あり」は18％，された経験「あり」は3.4％であった。こうした都市部における養育者の子どもとの接触経験の少なさは，今に始まったことではない。原田（2006）は1980年に大阪で，2003年に兵庫で子育ての実態調査を行い，その20年間で母親の出産前の子どもとの接触経験が大きく減少していたことを示した。たとえば，「他の小さい子どもを抱いたり，遊ばせたりした経験」が「なかった」と答えた回答者は，1980年の時点で15.0％であったのに対し，2003年の時点では26.9％に増加していた（原田，2006）。「他の小さい子どもに食べさせたり，おむつを替えたりした経験」については，1980年代の時点で「なかった」が40.7％であったのが，2003年の時点では54.5％と増加し，半数以上を占めたという（原田，2006）。なお，原田（2006）はこうした結果の差は地域差ではなく，20数年間の日本の子育て現場の変化そのものをあらわすものであるとしている。調査対象となった養育者の年代や性別（本研究の調査対象は男性も含めている），質問文，調査地域も異なるため単純比較はできないが，今回得られた東京のデータも，この子どもの世話経験の減少の流れのなかに位置づけられるだろう。

そのうえ，本調査結果にもとづけば，養育者自身の世話をしていた主な人物の人数，つまり「子育ての手」は，多良間では平均3.1人であったのに対し，東京は平均1.9人，つまり2人を切っていた（2節(1)参照）。この数値は養育者の子ども時代の経験をもとにしたものである。現代の子育ての手は，核家族化や家庭の親戚・地域ネットワークからの孤立が進んだ結果，さらに減っていると予想される。

それが浮き彫りになったのが，昨今インターネットメディアやマスコミ媒体で話題となっている「ワンオペ育児」の問題だろう。「ワンオペ育児」とは，父親の単身赴任や仕事の多忙さなど何らかの事情により，母親が一人で育児を

せざるを得ない状況を指す。「ワンオペ育児」の実情を記した藤田（2017）によれば，この言葉は2014年頃から子育ての当事者のツイッターやブログで出現しはじめ，メディアを介して次第に波及したという。つまり「ワンオペ育児」は，現在子育てに悩む母親たちのリアルな声が元となって顕在化した問題なのである。内閣府男女共同参画局の調査では，平成23年の時点で，6歳未満の子どもがいる世帯では，共働き世帯・専業主婦世帯ともに夫が育児にほとんど参加せず，妻が一人で育児をしている状態の世帯が約7割にのぼっていたことが示されている（内閣府男女共同参画局，2016）。

　これらをふまえると，昨今では出産以前に乳幼児との接触経験がほとんどないにもかかわらず，子どもを産んだ途端に一人で乳幼児の世話をせざるを得ない，という状況におかれる母親が少なくないと推測される。乳幼児を知らないことや育児経験の不足が育児ストレスの原因のひとつ（原田，2006）であることをふまえると，こうした世話経験の乏しさと孤立は，現代の子育てをめぐる深刻な問題のひとつであるといえる。

(4) 子どもによる子どもの世話の可能性と子ども像の問題

　先の子育ての手についてのデータから，多良間では年上の子どもによる乳幼児の世話が東京よりも多くなされていたことがわかった。多良間では，子育ての手に子どもが含まれることがあるのだ。

　しかしそもそも，子どもというものは，乳幼児の世話をすることができる存在なのだろうか。これについては，すでにいくつかの研究により，子どもはより幼い子どもに関する素朴な知識や養護性，すなわち「相手の健全な発達を促進するために用いられる共感性と技能」（小嶋，1989）をある程度もつことが示唆されている。たとえば幼児であっても，母親のはげましを受けて乳児に対してかかわろうとするし（Fogel, Melson, Toda & Mistry, 1987），子どもは男女問わず乳児の特徴や世話についての知識がある（Melson, Fogel & Toda, 1986）とされる。絵画史料の分析によると，日本では近世に差しかかる頃から子守労働がなされはじめたと考えられ（黒田，1989），守姉に類似した風習は多良間以外の地にもあったようだ（たとえば大藤，1982）。

　とはいえ，「子どもに子守をする能力が本来的にあるのかどうか」と，「実際

に幼いわが子を子どもに預けられるか」の間には大きな壁がある。この壁を形づくるもののひとつが，大人が子どもをどのようにとらえているのか，すなわち大人がいだく子ども像の問題である。

3節　多良間と東京における大人がいだく子ども像

(1) 大人がいだく子ども像：その社会文化規定性

　今日，「子ども」は日常的に用いられる馴染み深い言葉である。しかしその概念が見出され，社会において「子ども」が大人と区別して認識されるようになったのは，近代以降のことであった（アリエス，1980）。アリエス（1980）によれば，ヨーロッパの中世の社会生活では子どもは「小さな大人」として扱われ，自分ひとりで身の回りのことができる年頃（7歳頃）になると，できるかぎり早い時期から大人たちと一緒にされ，仕事や遊びをともにした。そして徒弟修業のように，大人たちが行うことを手伝いながら知るべきことを学んでいたという。そこには，子どもを特別扱いし，保護・教育されるべき存在ととらえる現代とは異なる子ども観がある。7歳頃に大人の世界に放り込まれるとは，あまりにも早いと感じられるかもしれない。しかしそうした子ども像も歴史の一時期につくられた観念にすぎず，大人の手によって守り，育てられるべきだという子ども観も，社会文化的な構築物であるといえる。

(2) 多良間と東京の大人がいだく子ども像

　子ども像の問題について，子守を例として考えてみよう。当然のことだが，子どもの世話を頼む当事者となるのは，子ども自身ではなくその養育者である。したがって，子どもによる子どもの世話が実現するか否かには，子ども自身の世話の能力の如何よりもむしろ，大人がいだく子ども像，つまり世話を頼む養育者が，子どもをどのようにとらえているのかが大きくかかわる。具体的には，世話をする子どもを，大切なわが子を預けるに足る人物とみなすかどうか，そしてわが子に対して，その子どもに世話をされても大丈夫だと思えるかどうかが鍵となる。それは養育者だけでなく，周囲の大人についても同様である。たとえ養育者がわが子の世話を年上の子どもにまかせられると判断して

も，周囲の大人がそれに対して厳しい目を向ければ，その実現は難しい。

では，実際の現代の生活においては，どうだろうか。多良間では現在でも，小学生くらいの子どもが乳児や幼児を抱いて連れ歩いていたり，一緒に遊んだりする姿がごく自然に観察される（小島，2016）。そして養育者や近隣の大人はこうした状況をごく自然な光景として受けとめ，見守っているように見える。一方で，東京などの都市部では，小学生くらいの子どもが大人の同伴なしに乳児や幼児と遊んだり，連れて歩いている様子はほとんど観察されない。もしそうした状況があった場合には，特異な光景として受けとめられるだろう。

こうした差の背景のひとつとして，養育者や周囲の大人がもつ子ども像自体の差異がある可能性がある。そこで筆者らは多良間島と都市部の大人がいだく「子ども像」に焦点をあてて調査を行った。ここでは，その調査結果の一部について紹介する。

1　「10歳頃の女の子」の乳幼児の世話の能力に対するイメージ

大人がいだく「子ども像」の一端を明らかにするため，まず「10歳頃の女の子」の乳幼児の世話の能力に関するイメージについて尋ねた。具体的には，1歳頃あるいは3歳頃の乳幼児を相手としてさまざまな世話をする場面を想定し，それが10歳頃の女の子に「どれくらいできると思うか」と，もし乳幼児が自らの子どもであった場合に「まかせられるか」を5段階の評定で尋ねた。得点が高いほうが，より「よくできる」と評価したことになる。「できると思うか」と「まかせられるか」は一見似ているが，後者は，想定する乳幼児が自身の子どもである場合に，世話をまかせることができるか否かを問うものであるため，より当事者性が高いという点に特徴がある。具体的な世話の場面は，「遊び相手」，「おむつ替え」（相手が1歳の場合のみ），「食事の介助」（相手が3歳の場合のみ），「お風呂いれ」，「寝かしつけ」，「保育園のお迎え」，「車道危険場面での連れ戻し」であった。なお，各質問項目に回答するにあたり，特定の人物は想定せず，一般的な「10歳頃の女の子」のイメージについて回答するようお願いした。

分析の結果，興味深いことに，多良間と東京では，複数の項目で評価が異なっていた。「どれくらいできると思うか」の評価に統計的に意味のある差があったのは，世話の相手が1歳・3歳頃の乳幼児の場合ともに，「保育園のお

迎え」と「車道危険場面の連れ戻し」の場面であり，どちらも多良間のほうが得点が高かった。つまり，この二場面での世話については，東京に比べ，多良間の養育者のほうが，より「できる」と評価していた。10歳頃の女の子にその世話を「まかせられるか」の評価についても，世話の相手が1歳・3歳の乳幼児の場合ともに「保育園のお迎え」と「車道危険場面の連れ戻し」において同様の結果が見られたのに加え，「お風呂入れ」場面でも多良間のほうが得点が高かった（図4-4：相手が1歳頃の幼児（乳児）の場合）。

　ここで得点に差があった「お風呂入れ」「保育園のお迎え」「車道危険場面連れ戻し」といった場面が，「遊び相手」や「おむつ替え」などの項目と比べリスクが高く，世話が失敗した時に乳幼児の命にかかわる危険性のある項目であることは注目に値する。現実的な問題として，多良間と東京の環境的要因は無視できない。たとえば現在都市部では保育園側の規定で，お迎えをする人物の年齢制限（高校生以上など）をしている園も少なくない。また多良間は都会に比べて交通量が少ないうえに，運転者が歩行者を非常によく見ていて，車から歩行者にあいさつしたりすることも多い。したがって，東京と多良間では，同一の教示をしても想定される場面の前提や危険度が異なっていた可能性があり，慎重な考察が必要とされる。しかしどの場面もある程度の危険さがともなう場面であることは間違いない。そうした項目における評価の差は，多良間の養育者の，「10歳頃の女の子」に対する信頼の高さを示唆している。同時に，「10歳頃の女の子」にそれらのリスクの高い世話をされても問題ないだろう，というタフな存在としての乳幼児像を多良間の養育者たちがいだいていることも，副次的に読み取れる。

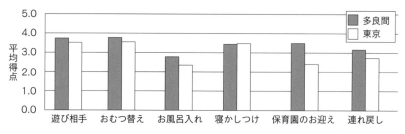

図4-4　10歳頃の女の子に1歳頃の幼児（乳児）の各種世話をまかせられるか

2 「10歳頃の女の子」というもののイメージ

次に,「明るい－暗い」といった形容詞で表される次元での,より抽象的な「10歳頃の女の子」のイメージを明らかにするための調査も行った。調査では,「暗い－明るい」などのマイナス－プラスのイメージを表す形容詞対30組を用いて,「10歳頃の女の子」というものを,養育者たちがどのようなイメージとしてとらえているのかを尋ねた。評価は7段階で,ポジティブなイメージであるほど得点が高くなるよう得点化し,東京と多良間の間で比較した。

その結果は明瞭で,「暗い－明るい」,「不活発な－活発な」,「弱々しい－たくましい」,といった11項目において多良間と東京の間で統計的に意味のある得点差があり,すべての項目で,多良間のほうが得点が高く,ポジティブなイメージに偏っていた（図4-5）。したがって,多良間と東京では,養育者が「10歳頃の女の子」に対していだくイメージが異なっており,多良間の養育者のほうが,よりポジティブな評価をしていたと言える。

これらの結果から,多良間では,大人から子どもへと,その主体性や有能さを認め,肯定するようなまなざしが向けられていると考えられる。こうした

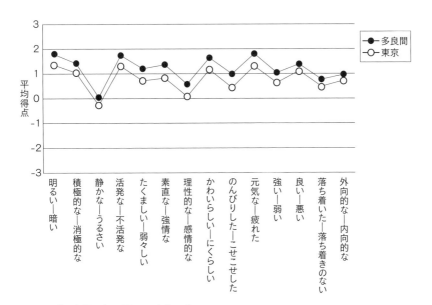

図4-5 「10歳頃の女の子」のイメージ

「10歳頃の女の子」というものへの信頼感やポジティブなイメージが，多良間の大人がいだく子ども像の特徴であるようだ。

(3) 大人がいだく子ども像の比較からわかること

　以上の結果から，多良間の大人たちがいだく子ども像は，東京と比してポジティブなものであることがわかった。10歳頃といえば小学校4年生か5年生に該当する年齢であり，都会的な価値観では，まだ守り育てられるべき対象とされうる年齢であろう。しかし多良間における子ども観は，それだけではないようだ。多良間の大人は，子どもたちの子守に関する有能性をある程度認め，信頼し，肯定する。そうした子どもに対するおおらかでポジティブなイメージが，「守姉」をはじめとした，年上の子どもによるアロマザリングを受け入れるような風土を支えているのだろう。またそうした風土があるからこそ，養育者は（血縁関係がなくとも）子どもにわが子の世話をまかせることができ，実際に子どもによるアロマザリング行動が引き出され，それが奏功して周囲に評価される，といった正の連鎖を生み，おおらかでポジティブな子ども観が醸成されているのではないだろうか。

　また本研究で得られた結果は，多良間の養育者たち自身が，子ども時代に「子どもによる子どもの世話」を当事者として経験していた，あるいは当事者でなくとも身近なものとして慣れ親しんでいたであろうこと（1節参照）と無関係ではないだろう。たとえば守姉となれば，乳幼児のお風呂入れや車道危険場面での連れ戻しといった，慎重さや咄嗟の判断が必要とされる場面を体験すると想定される。それは乳幼児とのかかわりのなかでの「本当に危険なライン」とはどういうものなのかを肌で感じる体験となる。同時に，そうした場面を何事もなく乗り切ることは，世話をする子どもにとっての誇りや自信，自己効力感につながると推測される。守姉の周囲の子どもたちはその体験を見聞きすることになるだろう。そうした経験を子ども時代に経ていることが，10歳頃の子どもでもある程度のことはできる（できないことはない），という肌感覚や，子どもというもののポジティブなイメージにつながっている可能性がある。

　多良間と東京の子育て環境は大きく異なる。多良間は人口が1,200人ほど

で，道を歩けば見知った人に出会え，子育ての手となりうる親類・地域ネットワークもしっかりと存在し，交通量も少ない。子どもたちはお決まりの場所で遊んでいて，大人の目に見える範囲にいることが多い。さらに，子どもたちのほとんどは，中学卒業と同時に，親元を離れて島外に出る。そうした多良間の独特な子育て環境が，東京との子ども像の差に影響を及ぼしている可能性は大いにあるだろう。加えて，多良間の大人がいだくポジティブなイメージは，子どもに限定されたものではないかもしれない。1節で論じた本調査結果からもわかるように，多良間は東京に比して子育ての手が多く，アロマザリング的風土が根付いている。つまり，そもそも他者を信頼してわが子を預けられるような他者との関係性や風土があり，大人も含めた「他者像」自体が多良間と東京では異なる可能性もある。これらの可能性について，今後さらなる検討が必要とされる。

　都市部では，親が子どもを守らなければならないという風潮が色濃くある。しかし守ることは子どもの管理や囲い込みと表裏一体であり，それが子どもの好奇心や主体性，能動性を奪うリスクをはらんでいることを忘れてはならない。子どもの力を信じ，その能力を認めるような多良間の大人がいだくポジティブな子ども像は，子どもを守るべき存在とばかり扱う都会的な子ども像や子育てのあり方を見直す手がかりを与えてくれる。

引用文献

アリエス, P. 杉山光信・杉山恵美子（訳）(1980).〈子供〉の誕生：アンシァン・レジーム期の子供と家族生活. みすず書房.

Fogel, A., Melson. G. F., Toda, S. & Mistry, J. (1987). Young children's responses to unfamiliar infants: The effects of adult involvement. *International Journal of Behavioral Development, 10,* 37-50.

藤田結子 (2017). ワンオペ育児――わかってほしい休めない休日. 毎日新聞出版.

原田正文 (2006). 子育ての変貌と次世代育成支援――兵庫レポートにみる子育て現場と子ども虐待予防. 名古屋大学出版会.

小嶋秀夫 (1989). 養護性の発達とその意味. 小嶋秀夫（編）乳幼児の社会的世界 (pp.187-204). 有斐閣選書.

小島康生 (2016). 多良間島における子どもの対人的かかわり. 教育心理学年報, *55*, 251-252.

黒田日出男 (1989). 子どもの登場――中世社会の子ども像. 河出書房新社.

Melson, G. F., Fogel, A. & Toda, S. (1986). Children's ideas about infants and their care. *Child Development, 57,* 1519-1527.

内閣府男女共同参画局 (2016). 男女共同参画白書　平成28年版.

根ケ山光一 (2012). アロマザリングの島の子どもたち――多良間島子別れフィールドノート. 新曜社.

大藤ゆき (1982). 子どもの民族学――一人前に育てる. 草土文化.

4章へのコメント
社会の特徴と子育て

高田　明

　本章は，多良間と東京の養育者（子育てに従事したことのある大人の男女）が，①子ども時代にどのような子育てに関する経験をし，現在どのような子育てをしているのか，および②「10歳頃の女の子」にどのようなイメージをいだいているのかを尋ねた質問紙調査に基づく論考である。読後の第一印象は，得られたデータにていねいな分析がなされており，考察では調査結果と筆者の現地への印象が乖離しないよう慎重に言葉が選ばれているというものだ。ひとことで言うと，好感をもった。主要な結果と考察（たとえば，東京の養育者は子ども時代，おもに母親と父親に育てられていたのに対し，多良間の養育者はより多くの多様な人物に育てられていた。多良間では年長児による乳幼児の世話が東京より多くなされていた。10歳頃の女の子のイメージは，総じて東京よりも多良間のほうがポジティブだった。多良間ではそうしたイメージが，「守姉」をはじめとした年長児によるアロマザリングを受け入れる風土を支えている）は，概ね首肯できる。さもあらん。多良間に関する記述に，日本の子育ての原風景への想いを重ねる人も少なくなかろう。

　ただし，本章をこれまでの学問的議論の文脈にのせると話はもう少し複雑になる。評者が専門とする人類学では，社会と子育ての関係についてかなりたくさんの議論がある。たとえば，この分野では古典とされるホワイティング夫妻らの「6文化プロジェクト」では，6つの社会（米国のオーチャード・タウン，北インドのカラプール，沖縄のタイラ，フィリピンのタロン，メキシコのフストラウアカ，ケニヤのニヤンソンゴ）における子育ての特徴を，1950年代の長期フィールドワークに基づいて論じている（Whiting & Whiting, 1975）。これによれば，社会・経済制度の複雑さが低い社会では，母親の育児や家事を代替できる専門的機関が少なく，年長児には赤ん坊の世話など重要な家事労働が期待される傾向があった。いっぽう社会・経済制度の複雑さが高い社会では，育児や家事に対する母親の責任が少なく，これらに対する年長児への期待も低い傾向があった。この分析では，多良間と比較的背景が近いタイラは，社会・経済制度の複雑性が高く，育児や家事に対する年長児への期待が低い社会

だと特徴付けられている。もっともこれは上記の6社会のなかでの位置づけなので、東京と多良間を比べれば後者のほうが社会・経済制度の複雑性が低く、育児や家事に対する年長児への期待が高いという本章と矛盾しない議論ができそうだが、ここでより言いたいのは、子育ての特徴は社会全体の特徴と関連した相対的なものだということである。

　また、6文化プロジェクト自体にもいくつか問題点が指摘できる（高田, 2003）。一例をあげれば、このプロジェクトの対象は農村と都市にかぎられ、しばしばヒトの原初的な子育てを考える鍵だとされる狩猟採集社会が含まれていない。意外かもしれないが、初期の狩猟採集社会の研究では、年長児が乳幼児の世話にほとんどかかわらないことが注目された。たとえば、南部アフリカの半乾燥地に住むサンの1グループであるジュホアン（引用文献ではクンと呼ばれている）では、母親は3年以上にわたり乳幼児に密着して授乳、養育を行い、その間年長児はほとんど子守や家事を行っていなかった（Konner, 2005）。近年狩猟採集社会での年長児による子守や母親以外からのもらい乳が注目されるようになった（Hrdy, 2009；Hewlett & Winn, 2014）が、これは上記の議論を深化させる文脈での主張であり、例にあげられるのはたいていサンと狩猟採集方法や生活環境を大きく異にする西アフリカの熱帯地に住むピグミーのグループなどである。ジュホアンの研究を行ってきたコナーは、ヒトの環境適応の許容度の広さを示すとしてそうした新たな知見に一定の評価を与えるものの、それは狩猟採集社会間の程度の問題で、欧米社会と比べれば狩猟採集社会での母親による世話の第一義性や母子間の密着度の高さはやはり特筆すべきだという（Konner, 2005）。

　こうした研究を受け、本章の考察を深めるための方向性を2つ示そう。まず子育ての特徴はその社会の特徴と密接にかかわっており、誰が子育てにかかわるべきか一概には言えない。たとえば年長児による子守や家事は、しばしば生計の単位とそれを支える労働の性格や量とかかわる。これと関連してLancy（2015）は、子どもは補助的な労働力であり、生計の単位となる集団で労働力が足りなくなったときに活用されると論じている。多良間の守姉は、世話をする子どもの家族とは非血縁者でありつつ、地縁でつながっているようだ。その社会的な働きをさらに論じるためには、両者の社会・経済的な関係のより多面

的な分析が必須となろう。第二に，ある社会における子育ての問題点は，誰が子育てにかかわるかよりは，その社会での子育てに関する理念と実践のズレによってより多く説明できそうである。現代の日本の都市部の問題点は，急速に核家族化や少子化が進んだことで，子育てに関する理念の変化が追いつかないままに，その実践が特定の養育者，しばしば母親に集中していることにありそうだ。その解消のためには，10歳頃の女の子に加えて，母親や父親をはじめとするほかの養育者についても，現状にあった子育てのあるべき姿を考えていく必要があろう。

引用文献

Hewlett, B. S. & Winn, S. (2014). Allomaternal nursing in humans. *Current Anthropology*, *55*(2), 200-229.

Hrdy, S. B. (2009). *Mothers and others: The evolutionary origins of mutual understanding.* Cambridge, MA: Harvard University Press.

Konner, M. J. (2005). Hunter-gatherer infancy and childhood: The !Kung and others. In B. S. Hewlett & M. E. Lamb (Eds.), *Hunter-gatherer childhoods: Evolutionary, developmental, and cultural perspectives.* New Brunswick, NJ: Transaction Publishers. pp.19-64.

Lancy, D. F. (2015). Children as a reserve labor force. *Current Anthropology*, *56*(4), 545-568.

高田明 (2003). 子どもの発達と文化——心理学と人類学. 片岡基明・吉田直子（編）子どもの発達心理学を学ぶ人のために（pp.208-231）. 世界思想社.

Whiting, B. B. & Whiting, J. W. M. (1975). *Children of six cultures: A psycho-cultural analysis.* Cambridge, MA: Harvard University Press.

> 1部 小括
>
> # 「守姉」からみえたもの
> 外山紀子

　1部の中心テーマは「守姉」だった。守姉とは少女による子守であり，白石ら（2章）によれば，かつては多良間島だけでなく南西諸島，さらには沖縄から遠く離れた伊豆諸島の島々でもみられた子守の一形態だという。しかし現在ではほとんどの地域で衰退してしまい，守姉が現存しているのはほぼ多良間島だけになった。

　1章では，子育てを終えた女性8名に対する聞き取り調査と，守姉が実際に子守をしている場面の行動観察調査が報告された。根ケ山らによれば，子守をする少女である守姉と，子守の対象となる守子との間柄には2つの典型的なパターンがあり，1つは従兄弟程度の血縁関係がある場合，もう1つは知人や隣人といった非血縁関係にある場合だという。行動観察調査の対象となった守姉と守子の間柄は後者のパターンだったが，印象的だったのは，守姉が子守をする場面でしばしば守姉の姉や弟が登場し，きょうだいぐるみで守子の世話をしていることだった。血縁関係にないとはいえ，守姉と守子を核とした家族ぐるみの関係が築かれていたのである。守子が1歳の誕生日を迎えた以降は，守姉の仲間集団が子守の役割を担うようにもなった。少女による子守というと，少女がひとりで赤ん坊をあやしているイメージを抱きがちだが（少なくとも筆者はそうだった），守姉による子守の実際は，これとはかけ離れたものだったのである。守姉を中心とした社会的ネットワークが全体として守子を見守るという構造がつくられており，この点については，2部において引き続き検討されることになる。

　根ケ山らの行動観察調査では，守姉の存在が母親と子ども（守子）を物理的に引き離す役割を果たしていることも明らかにされた。乳幼児期はとかく母子関係が重要だといわれるが，近年，東京などでも一時保育の利用が推奨されるようになってきたことからも明らかなように，母子密着の弊害もまた多くの指摘がある。守姉という風習は，守姉に子守を経験させるというだけでなく，守子とその母親との間にほどよい距離をとらせるという意味でも，子育てに資す

るところが大きいように思う。

　2章では，立場の異なる成人男女を対象とした聞き取り調査が報告された。守子として13歳年上の守姉に子守された経験をもつ60代男性，守子の母として，長女を守姉に子守してもらった60代女性，小学校2年生の頃から守姉として1歳くらいの守子の世話をした40代女性，そして自身の子どもが守姉として子守をした経験のある40代女性の4名である。守子，守子の母，守姉，そして守姉の母と，それぞれ立場は異なるものの，また実際に守姉が行われた時代も異なるものの，彼らの語りに共通していたのは，懐かしくて温かく，大切な思い出として守姉経験が語られていたことである。白石ら（2章）が指摘するように，守姉は単に子育てのサポーターが一人増えたということ以上の意味をもつものであることがわかる。

　2章では聞き取り調査の際，島の高齢者が「守姉のことは60歳以上でないとわからない」と述べたエピソードが紹介されたが（p.43），3章でも「守姉は保育所ができたので，しなくなった」という声がたびたび聞かれたことが報告された（p.53）。川田（3章）によれば，多良間島に保育所が設立されたのは1979年，つまり今から40年ほど前のことであり，このことが「60歳以上でないとわからない」という発言につながったのだろう。しかし，保育所設立を契機に守姉が廃れてしまったというのは，島の人たちの思い込みであり，2012～2016年に行われた調査では，1993～2002年生まれの調査協力者21名のうち半数以上が守姉経験をもっていたことが明らかにされている。これらのことから川田は，守姉と保育所の関係を子守（保育）機能の単なる置き換えではなく，すみわけのようなものではないかと推測している。では，それはどのようなすみわけなのだろうか。この点については，2章の語りにみられる，守姉と守子の間の生涯続く心理的つながりがヒントになるだろう。また，多良間島保育所の保育のなかに「守姉的なるもの」が息づいているのではないかという川田の指摘については，筆者もおおいに同意するものである。この指摘を念頭におきつつ，筆者による保育所食事場面の分析（5章）をお読みいただければ幸いである。

　さて，1部最後の章では，守姉という風習を支えている，児童期の子どもが乳幼児の世話をすることに対する信頼感が明らかにされている。石島ら（4

章)は,多良間島と東京に在住する,子育て経験のある男女に質問紙を配布し,子どもの頃に誰から世話をされたか,そして少女(10歳程度)に乳幼児(1歳および3歳)の世話をまかせられるかについて回答を求めた。その結果,多良間島では,親以外のさまざまな人から世話をされた経験をもつ人が多かっただけでなく,乳幼児を世話する者としての少女に大きな信頼を置いていることが示された。東京との差が,乳幼児をお風呂に入れるとか,車が往来する危険な場所から連れ戻すといった命の危険をともなう場面についてとりわけ大きかったことは,とくに興味深い。子どもに対する信頼の大きさのあらわれといえるだろう。ただし,石島らも指摘するように,多良間島と東京では交通量も犯罪発生率も格段に異なっており,結果の解釈には慎重でなければならない。

以上のように,1部では「守姉」に焦点をしぼり,多良間島の人たちの生の声,そして守姉によるリアルな子守行動が報告されたわけだが,ここでは,2部への橋渡しとして,次の3点をとくに指摘しておきたい。第一に,守姉による子守は少女による孤独な子守ではない。守姉は,守姉の属する社会的ネットワークに守子を組み入れていくことであり,同時に,守子の属する社会的ネットワークに守姉が組み込まれていくことである。守姉と守子は点と点を結ぶ線の関係ではなく,守姉をとりまく網の目の関係,そして守子をとりまく網の目の関係の重なりの上にある。多良間島の子育てが豊かな社会的ネットワークによって支えられていることは,2部においてさらに検討されることになる。第二に,2章,3章の語りからみえてきた守姉-守子関係は,家族に対するほどのウェットさや濃密さはないものの,かといってドライな関係ともいえない,ほどよく哀愁を含んだものだった。守姉が思春期少し前の少女であり,守姉に関する思い出は多感な少女時代を背景としていること,そして守子とかかわるなかで守姉もまた大人に近づいていくことが関係しているのかもしれない。最後に,1部では子どもへの確かな信頼感が島に息づいていることが,そこここに垣間見えた。このことは,やはり離島という厳しい自然環境の中で生きていること,そして島の子どもたちは15歳になったら島を出て行くよう運命づけられていることを抜きにして語れないだろう。

2部では,関心のスコープを少し広げ,多良間島の子どもと家族がどのようなつながりによって支えられているかをみていきたい。

2部

豊かで多様な
ネットワークのなかに
ある子どもの育ち

多良間保育所の七夕祭りのなかで,
保育士さんたちに群がる子どもたち

5章 保育所の食事場面にみる子どもと大人

外山紀子

はじめに

　映画の食卓シーンは，時としてその場の人間関係をよく映し出す。松田優作が主演した『家族ゲーム』(1983年公開)では，家族が細長いテーブルに一列に座り，互いの顔を見ることもなく食事するシーンが印象的だったが，無関心な家族関係を象徴する秀逸な一コマだった。アン・リー監督の『恋人たちの食卓』(台湾，1995年日本公開)では，一流ホテルのシェフをしていた父と三人の娘たちとの週に一度の晩餐が描かれた。登場する料理はどれも見事というほかない出来栄えだったが，親子間の軋みや気持ちのすれ違い，関係の再構築が，食卓でのふるまいや食の進み具合にみてとれた。

　誰がどのような位置で食卓を囲み，何をどのように食べるのか。ここに人間関係が反映されることは映画に限ったことではない。本章では，多良間島保育所の食事（給食）場面を東京都内の保育所と比較し，子どもと大人の関係をみていきたい。

1節　食と人間関係

(1) 浄・不浄

　浄と不浄の境界は判然としない。人類学者メアリ・ダグラスは『汚穢と禁忌』(1985)において，体系的秩序からこぼれ落ちたもの，カテゴリーの境界に位置する両義的なものが汚穢（ケガレ）として忌避されるとした。秩序に入りきらない剰余というべきもの，あるべき場所から外れてしまったものが汚穢であり，それは汚いから排除されるのではなく，排除されているから汚いというのである。食事場面でも浄と不浄（汚くないものと汚いもの，あるいは食べられるものと食べられないもの）の区別は，明瞭でも合理的でもない。そして「汚い」ということばは後付け的に付与される。このことを，「こぼれた食べ物

をどう扱うか」からみていきたい。

　家庭や保育所の食事場面では，「汚い」ということばをよく聞く。子どもが床にこぼれたご飯を拾って口に入れようとしていると，母親が「ばっちいよ，ばっちい」，手を洗わないで食べ始めようとしていると，保育士が「汚いよ」と注意を与える。大人の注意はマナー（食事中は立たない，歩かない，器に手を添えるなど），摂食（出されたものはなるべく食べる，好き嫌いしないなど），衛生（食事の前には手を洗う，こぼれた食べ物を食べないなど）の3点に集約できるが，これらのなかで大人が最も注意を払うのは衛生である（Toyama, 2016b）。マナーや摂食については，子どもが注意に従わなくても重ねて注意しないものの，衛生についてはそれを繰り返すことが多いのである。いまの日本では，それだけ衛生に関心が払われていることがわかる。

　とはいえ，こぼれた食べ物の扱い方をみるかぎり，大人の行動はさほど厳密ではない。家庭での母親の行動は衛生的というには程遠く，保育士の行動は衛生さが度を超えている。Toyama（2000）は，東京都内保育所と家庭の2歳児，4歳児の食事場面を観察し，こぼれた食べ物を「食べられる」と判断したか，それとも「食べられない」と判断したかを検討した。「食べられる」という判断は，こぼれた食べ物を拾って子どもの口に運ぶ・大人が自分で食べる・子どもの皿に戻すといった場合をさし，「食べられない」という判断は，こぼれた食べ物を捨てる・子どもに食べることを禁じるといった場合をさす。こぼれた食べ物を所有者不明の皿に戻すなど，「食べられる」とも「食べられない」ともいえない場合は「中間」と評定した。図5-1は，家庭と保育所における4歳児と大人（母親または保育士）の結果である。食べ物が一度でもこぼれた人を分析対象としたため，対象者数が一定でないことに留意願いたい。

　食べられるか否かの判断が物理的な汚染の可能性によって決まるなら，その判断はこぼれた場所によって異なるはずである。食事前に拭かれたテーブルは床よりも物理的に衛生的だと考えられるので，テーブルにこぼれたものは床にこぼれたものよりも「食べられる」と判断されやすく，身体上にこぼれたものは両者の中間に位置するはずである。しかし実際には，母親はテーブルと身体についてはほぼ全員が，床についても半数以上が「食べられる」と判断し，一方の保育士は，その多数がこぼれた場所にかかわらず「食べられない」と判断

2部　豊かで多様なネットワークのなかにある子どもの育ち

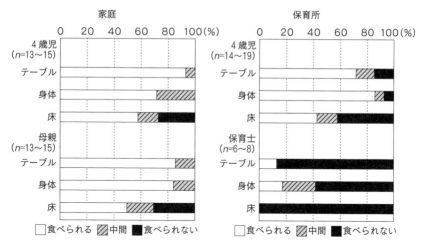

図5-1　家庭と保育所におけるこぼれた食べ物の扱われ方
　　　（Toyama, 2000 Table 2 を抜粋，作図）

していた。保育所より家庭のほうが「食べられる」と判断した者が多かったことは，子どもも同様だった。

(2) 汚さと親しさ

　なぜ保育所より家庭のほうが，こぼれた食べ物に対する寛容度が高いのだろうか。家庭は出入りする人が限定されているため，物理的に清潔に思えるのかもしれない。しかしより大きな要因は人間関係だろう。

　ネバネバ・ヌルヌルしたものは，固体と液体の中間に位置するその曖昧さゆえに，また唾液や精液，便，膿，痰，吐瀉物といった体液を暗示させるがゆえに嫌悪を抱かせる（ラプトン，1999）。先のダグラスは，「肉体から一度外部に排出されたものはすべて，再び受容されることはなく厳重に忌避されるのだ。もっとも危険な汚れは，一度肉体の外部に出たものが再び内部に入ることである。」（ダグラス，1985, p.233）としている。

　しかし，嫌悪の対象となるべき排出物も，親しい人間関係のなかでは大きな不快感を与えない。Negayama（2000）は，0歳児・3歳児・大学生の親に対して，大便・小便・膿・唾液・痰といった排出物（身体産生物）に対する不快感を，それが自分自身のものであった場合，わが子のものであった場合，他人

のものであった場合について聞いた。その結果，他人の排出物についてもっとも不快感が強いこと，本来なら自分自身の排出物より他者のそれについて不快感が強いはずなのに，0歳児・3歳児の親はその順番が逆転することが示された。自分自身の排出物に対する不快感のほうがわが子のそれより強く，このことは0歳児の親について顕著だったのである。根ケ山は続いて，0〜14歳までの子どもをもつ日本とフランスの親を対象として，他人の子の排出物とわが子の排出物に対する不快感を比較した（根ケ山・則松，2009）。その結果，わが子のほうが不快でないことについては，日本とフランスに共通していた。親子のように親しい人間関係は嫌悪を減じさせる効果をもつのである。

先のToyama（2000）では，子どもが咀嚼途上にある食べ物がこぼれた場合でも，それを拾って食べる行動が12名中5名の母親に認められた。子どもの口からこぼれ落ちた食べ物は，唾液が付着しているうえに咀嚼途上ということもあって固体とも液体ともいえない，まさに秩序からこぼれ落ちた汚穢と呼ぶべき代物である。にもかかわらず，母親はこれを口にするのである。以前の日本では，離乳期の子どもに親が口移しで食べ物を与えることが珍しくなかったが，親子のような親しい関係だからこそ，唾液を共有する行為も不快感を抱かせにくいのだろう。

浄と不浄，きれいなものと汚いもの，食べられるものと食べられないもの，これらの境界は人間関係の質によって揺れ動くのである。親しい関係のなかでは「汚い」ことが汚くなくなり，「食べられる」ものの範囲が広くなる。ということは，その範囲をみることで人間関係を知る手がかりが得られるかもしれない。2節では，この視点にたって多良間と東京を比較したい。

2節　食の共有

(1) 島の保育所

筆者は2013年夏より累計で8回，多良間島を訪れている。保育所をフィールドとしているため，島に行くたびに保育所に足を運び，朝の登園場面から夕方の降園場面まで観察を行ってきた。東京でもこれまでにいくつもの保育所や幼稚園で観察してきたが，多良間島の保育所の特徴のひとつは，保育士と子ども

そしてその家族との関係の多様さにある。

多良間の子どもたちは、3歳までは保育所、4歳からは幼稚園に通う。保育所と幼稚園のどちらかを選ぶ仕組みにはなっていないのである。入所時期は子どもによって異なるが、島の子どものほぼ100％が3歳までには保育所の子どもになる。そのため、多良間の保育士にとって、島の子どもはすべて保育所の子どもである。わが子も例外ではない。朝、職場に子どもとともに出勤し、夕方までともに過ごし、帰路につく。保育士は保育所の「先生」でありつつも、ほかの保護者にとっては「ママ友」であり、わが子の担当保育士にとっては「保護者」でもある。子ども間のいざこざにわが子が含まれているときなど、さまざまな難しさもあるようだが、そこは保育士同士、阿吽の呼吸でカバーしあっているという。役割の多重性は困難をもたらすだけではない。保護者だからこそわかることもあるし、家では見せないわが子の一面を発見することもあるという。しかし、いいことも悪いことも含め、「保育所は1つしかないのだから、それは仕方のないこと」なのだそうだ。

保育士が担う役割の多重性は、保育所の登園場面にもみることができる（写真5-1）。島の保育所は朝8時に始まる。開所を玄関前で待っている子もいれば、9時頃になってやってくる子もいる。子どもを連れてくる家族は母親だけでなく父親、祖父母も多い。朝番の保育士が出席チェック票をもって、子どもを玄関で出迎えることは、東京の保育所でもみられる典型的な朝の風景である。しかし、ここでのやりとりが異なるのである。東京では子どもの体調や食欲、前夜の睡眠など、子どもの身体状態に関する申し送りがやりとりの中心となるが、多良間ではその他の話題、たとえば「おばあは元気？」など、子ども以外の話題がやりとりのかなりの比率を占める。多良間の保育所は専門的な保育提供施設でありつつも、それだけにはとどまらない、島全体に張り巡らされたネットワークの一部として位置づいているのである。

写真5-1　島の保育所の登園場面

(2) 昔からの知り合い

実際，島の保育所では，保育士と子ども，そしてその家族とが園の外でもつながっている。東京の保育所3園と多良間島の保育所の保育士を対象として，0～2歳児クラスの子どもとその家族を「入所して初めて知った」（1点），「入所前から名前は知っていた」（2点），「入所前から交流があった（話をしたり遊んだりしたことがある）」（3点）かどうか，評定してもらった。なお，保育士の平均経験年数は，多良間15.3年（$SD=15.3$），東京A園13.2年（$SD=10.5$），B園9.2年（$SD=6.7$），C園8.5年（$SD=6.1$）と，多良間とA園において若干長い傾向があった。

子どもと家族について，園ごとの平均得点を図5-2に示した。得点が高いほど以前から知り合いだったことを意味している。多良間の得点は東京の保育所3園より高かった。多良間では子どもとの間でも，その家族との間でも，「入所前から名前は知っていた」あるいは「知り合いだった」がほとんどであり，逆に，東京では3園すべてについて「入所して初めて知った」が多数を占めた。今回対象とした東京3園は公立1園と私立2園で，その設置形態についてとくに大きな特徴はなく，東京の平均的な保育所の実態を反映していると考えられる。

東京は人口も多く，流動性も高い。そのため，子ども時代から住み続けている地域で子育てしている人も，そこで保育士として働いている人も多くはない

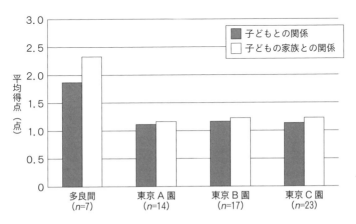

図5-2　多良間と東京における保育士と子ども，その家族との関係

だろう。待機児童数も多く、親が望んだ保育所に入所できるともかぎらない。そのため、東京ではたいていの場合、子どもの入所によって保育士と子ども、その家族との関係が始まることが多い。一方、多良間では、保育士は子どもの家族にとって「同級生」であったり、「ご近所さん」であったり、「従姉妹の○○ちゃん」であったりする。子どもからみても「先生」であると同時に、「○○ちゃんのお母さん」であり、「近所のおばちゃん」である。多良間でも東京でも、保育士が保育の専門家であることに変わりはないが、多良間の保育士はそのほかに多様な役割をもつ存在として保育にかかわっているのである。

(3) どこにあったものを、何を使って食べるのか

これらの相違は、保育所の食事（給食）場面にどのように反映されるだろうか。1節の(1)でみたように、こぼれた食べ物の扱われ方は、家庭と保育所で異なっていた。家庭のほうが「食べられる」範囲が広かったのである。ここから考えると、保育士が入所前から子どもを知っており、子どもの家族とも顔見知りの関係である多良間のほうが、より家庭に近い食事が展開されているかもしれない。

以上の問題意識のもとで、多良間の保育所と東京の保育所D園の1歳児クラスの食事場面を、2か月間、週に1度、観察を行った（Toyama, 2016a）（写真5-2）。多良間の1歳児クラスは当時子ども数12名、担当保育士数3名、東京D園は子ども数14名、担当保育士数3名だった。各園から4日以上観察対象となった子どもを7名抽出し、それぞれの子どもについて4日分のデータを分析対象とした。分析では、どこにあったものを、何を使って食べたかを評定した。

「どこにあったものを食べたか」については、まずそれぞれの子どもについて食べ物を口にいれた（摂食）瞬間をチェックし、摂食直前に食べ物があった場所を次の6カテゴリー──①子どもの皿、②テーブル、③他者

写真5-2 島の保育所の食事場面

の皿，④ 共有皿，⑤ 身体，⑥ 床——に分類した。各場所カテゴリーについて，各観察日において一度でもそれが認められた場合，1点を与えた。観察日数は4日なので得点範囲は0～4点となる。「共有皿」とは，誰の皿かは特定されていないが，食具やおかわり用の食べ物を置くために用意された皿である。結果を図5-3に示した。「自分の皿」は多良間でも東京でも平均4点であり，全員の子どもが毎観察日，「自分の皿」に配膳されていたものを一度は食べた。一方，「テーブル」は3点前後，「身体」は2点前後だった。多くの子どもが4日間の観察のうち3日程度はテーブルにこぼれたものを食べ，約半数の観察日で身体にこぼれたものを食べたことがわかる。「他者の皿」「共有皿」「床」については多良間のほうが高い得点だった。多良間は東京に比べ，床にこぼれたものを「食べられる」とすることが多く，食の共有範囲も広いようだ。

「何を使って食べたか」については，① 子どもの食具，② 子どもの手，③ 保育士の手の3カテゴリーに分類し，上と同じ得点化を行った。図5-4に結果を示した。「子どもの食具」は多良間でも東京でも4点であり，すべての子どもがすべての観察日において，自分の食具を使って食べたことがわかる。「子どもの手」もほぼ4点だった。多良間と東京間で差が認められたのは「保育士の手」だった。多良間では食具という人工物を介さず，保育士と子どもの間で身体（保育士の手）から身体（口）へと食べ物が受けわたされることが多かったのである。なお，東京D園の結果が東京の保育所について一般的なものかど

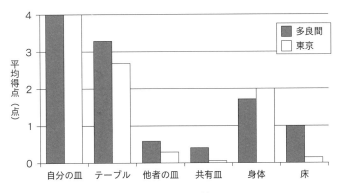

図5-3 「どこにあったものを食べたか」の結果

2部　豊かで多様なネットワークのなかにある子どもの育ち

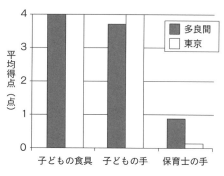

図5-4 「何を使って食べたか」の結果

うかみるために、D園とは別の都内保育所4園の1歳児クラスの食事（給食）場面を同様の方法で分析した。その結果、D園の特徴はほぼ、他の4園にも認められた。

多良間では「食べられる」と判断される食べ物、食の共有範囲が広く、子どもと子どもの間でも、子どもと保育士の間でも自他の区別がさほど厳密ではないことがわかる。1節で述べたように、これらは家庭内の親子の食事場面を特徴づけるものである。

3節　かかわり方のスタイル

(1) 子どもと大人の関係

　島の保育所に行くと、ほかにも東京との違いに気づくことがある。保育所を訪問する際には、お菓子など手土産を持参することが多い。東京ではたいてい、それらのお菓子は職員用の休憩室などに置かれ、子どもたちの口に入ることはないのだが、多良間では給食の途中で先生が「これ、いただいたよー、食べてみるー？」と持ってきて子どもたちに配り始める。筆者にも配ってくださるので、みなで同じお菓子を頬張りながら「おいしいねー」といただくことになる。お客様の手土産を家族みなでいただく感覚に近い。

　保育所では食事が終わると午睡の時間に入る。年齢が低いほど早く眠くなってしまうので、東京では年齢が低いクラスほど早くに食事を始め、早めに午睡の準備を整える園が多い。食事の途中で眠り込んでしまう子も乳児クラスでは珍しくない。東京D園の1歳児クラスでは、全員揃って食べ始めるのではなく、月齢の低い子どもから食事を始め、それぞれの子どもが食べ終わったところで個別に午睡を始めていた。こうした個々に対応するかかわりは、東京の保育所ではかなり一般的である。一方、多良間では1歳児クラスでも全員揃って食べ始め、子どもたちがある程度食べ終わると、今度は保育士たちも子どもと

同じテーブルで食事を始めることが多かった。東京でも，3歳以上児のクラスでは保育士が子どもと一緒に食べる園は多いが，1歳児クラスではあまり例がない。保育士たちが食べ始めると，さまざまな会話が繰り広げられる。子どもたちのこと，その家族のこと，島の行事のこと。子どもたちはほぼ食べ終わっているが，時には保育士の皿から食べ物を分けてもらいつつ，まだ十分な言語能力が身についているわけではないものの，その場のやりとりに参加するのである。

東京では子どもは保護される対象として，保育の中心にいる。大人の注意は子どもに注がれ，子どもは十分な配慮にとりまかれている。そのことは多良間でも変わらない。しかし多良間では，同時に大人の世界が展開しており，子どももその世界の一員として認められているのである。

(2) 調整的かかわり

子どもと大人の関係の違いは，食事場面における大人のかかわりにもみることができる。その違いについて述べるためには，ヴィゴツキーの「発達の最近接領域」の説明から始めなければならない。

ロシア（旧ソヴィエト連邦）の心理学者ヴィゴツキー（Vygotsky, L. S.）は，認知機能は本来社会的な性質をもつものであるとし，大人と子どもの相互交渉を，発達を推し進める本質的な条件とした。このアイデアは「発達の最近接領域」という概念によくあらわれている。発達の最近接領域とは，子どもがある課題にひとりで取り組んだ時に達成できるレベルと，より熟達した他者（典型的には大人）と共に取り組んだ時に達成できるレベルとの隔たりをさす。この隔たりは，やがて子どもが到達する潜在的な発達の領域であり，教育はここに働きかけることが重要だとしたのである。ヴィゴツキーのこの考え方は，子どもを孤独な科学者とみて個による知の構成を認知発達の中心に据えたピアジェ（Piaget, J.）の発達理論と対比される。

では，子どもとともに何かに取り組む際，大人はどのようにかかわるのだろうか。どういうかかわりが，発達の最近接領域を生み出すのだろうか。このような問題意識のもと，共同解決場面における大人と子どもの相互交渉が検討されてきた。子どもがひとりで解決できない場合，大人は課題の難易度を下げ，

子どもが課題に取り組みやすい状況をつくる。習熟が進めば難易度を上げ，援助の手を緩める。そして新しい挑戦へと子どもの注意を誘導するのである。

　子どもの状況に応じて課題の難易度を調整するかかわりは，乳幼児期の子どもと母親の食事場面でも認められている。この時期の子どもとの食事はとかく厄介である。食欲にムラがあり，食具を扱うスキルも十分には身についていない。そのため食べこぼしも多く，立ち歩きも，拒否行動も頻繁である。外山（2008）は，1～3歳児と母親の家庭での食事場面を観察し，母親が子どもの食べ具合に応じて子どもの自由になる領域を拡大・縮小させ，子どもの行動を方向づけることを報告している。摂食がスムーズにいっている場合，母親は子どもの手の届く範囲に食具や食器を移動させる。子どもが新たな食具に挑戦する機会を与え，自由に振る舞える範囲を増やすのである。一方，子どもが食べ物をなかなか飲み込まない，話してばかりで食べないなど，摂食が思うように進んでいないと，母親は子どもの前から食器や食具をとりあげ，自由を制限する。結果として，子どもが目の前にある食べ物に集中しやすい環境がつくられる。このように，調整的かかわりにはより大きな裁量を子どもに与えるかかわりと，逆に子どもの自由を狭め，現在取り組んでいる課題に子どもの注意を集中させるかかわりの2つがある。前者を子どもの発達を先読みする促進的かかわりとすれば，後者は子どもを見守る抑制的かかわりといえる。

(3)　先読みと見守り

　多良間と東京の1歳児クラスの観察データを（2節(3)で説明），保育士のかかわりという点から分析した。保育士が子どもの手の届く範囲にある食具・食べ物を増やした場合には「拡大」，逆に減らした場合には「縮小」とし，これらの行動が観察された時点をすべてチェックし，その直前に子どもが食べていたかどうかを評定した。2節の分析同様，多良間と東京の保育所各7名，4日間のデータについてこれを行った。結果を図5-5に示した。

　「拡大」は子どもに自由を与えるかかわりなので，食事の本来的機能である「食べる」が充足されていない場合には認められにくいはずである。実際，「食べない→拡大」は多良間でも東京でも0点だった。「食べる」が充足されているのに子どもの自由を奪うかかわり（「食べた→縮小」）もわずかだった。「食

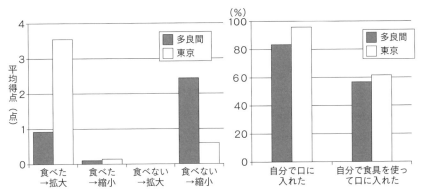

図5-5 子どもの食べ具合と大人のかかわり　　図5-6 子どもが自分で口に入れた・自分で食具を使って口に入れた回数の比率

べた→拡大」「食べない→縮小」の得点は多良間でも東京でも高かったが，東京ではとりわけ前者が，多良間ではとりわけ後者の得点が高いことがわかる。東京の特徴は，発達の先を読み子どものスキル習得を促進させる先読み的かかわりにあり，多良間の特徴は，現在の発達レベルを保障する見守り的かかわりにあるといえる。

　多良間と東京では保育士のかかわりの質が異なるので，子どもの発達に違いが生じるのではないか。こうお考えの方もいるかもしれない。この点をみるために，食具を使って食べるスキルの習得状況を比較した。具体的には，観察日ごとに子どもが食べ物を口に入れた全回数に対して，自分で食べ物を口に入れた回数の比率と，自分で食具を使って口に入れた回数の比率を算出した。結果を図5-6に示した。ここからわかるように，自分で食べる，自分でスプーンやフォークなどの食具を使って食べるスキルについては，多良間と東京の間に相違は認められなかった。

おわりに

　多良間島は人口およそ1,200，総世帯数およそ530（2016年11月現在）の小さな離島である。どの家で子どもが生まれたのか，その家はどのような世帯構成なのか，島の人たちはほぼ把握している。厳しい生活環境のなか，否が応でもつながりをもたないと生きていかれないという事情もあるだろう。多良間の保

育所保育は，こうして築かれた島のネットワークの一部となっている。保育士と子ども，その家族との間には，子どもが入所する前から関係が築かれており，おそらくそのことが食事場面における自他の区別の曖昧さ，「食べられる」領域の広さの背景にあると思われる。子どもに対して必要以上に口や手を出さないというかかわりは，島の子どもが中学卒業と同時に親元を離れ高校進学のために島を出ていくよう運命付けられていることと無関連ではないだろう。同時にその根底には，子どもにも社会の一員としての然るべき場所を与え，子どもの育つ力を信じて任せるという，島の大人たちの子どもに対する強い信頼があるように思われる。

引用文献

ダグラス, M. 塚本利明 (訳) (1985). 汚穢と禁忌. 思潮社.

ラプトン, D. 無藤隆・佐藤恵理子 (訳) (1999). 食べることの社会学〈食・身体・自己〉. 新曜社.

Negayama, K. (2000). Development of parental aversion to offspring's bodily products: A new approach to parent-offspring relationships. *Research and clinical center for child development annual report, 22,* 51-58.

根ケ山光一・則松宏子 (2009). 子どもの身体は親にとって快か不快か：身体接触・身体産生物・体臭への感情の日仏比較. 乳幼児医学・心理学研究, *18,* 103-115.

Toyama, N. (2000). Young children's awareness of socially mediated rejection of food: Why is food dropped at the table "dirty"? *Cognitive Development, 15,* 523-541.

外山紀子 (2008). 食事場面における1〜3歳児と母親の相互交渉：文化的な活動としての食事の成立. 発達心理学研究, *19,* 232-242.

Toyama, N. (2016a). Intra-cultural variation in child care practices in Japan. *Early Child Development and Care, 186,* 1873-1892.

Toyama, N. (2016b). Preschool teachers' explanations on hygiene habits and young children's biological awareness of contamination. *Early Education and Development, 27,* 38-52.

5章へのコメント
子どもの育ちと環境

今田純雄

　沖縄県宮古島は沖縄本島から約300キロメートルの距離にある。東京から仙台までの距離に近い。多良間島へ行くためには，さらに，宮古島からフェリーで2時間ほどを要する（飛行機なら25分。約60キロメートル）。同一県内でありながら，多良間島は沖縄本島からも遠く離れており，そうそう気軽に行ける場所ではない。

　日本の島の総数は6,852であり，有人島は418とのことである。面積順で見ていくと，多良間島は第76番目であり，東京都の母島，広島県の上蒲刈島とほぼ同じ面積になる。多良間村役場発行の広報誌「たらま」平成30年3月号によれば，総人口は1,174人で総世帯数は530世帯である。1990年の人口は1,463人であり，直近28年間で20%の人口減をみている。さらに2060年に予測される人口は791人とのことである（「多良間村人口ビジョン・総合戦略」，沖縄県多良間村，平成28年2月による）。急速に過疎化が進行しつつある離島の一つと言えよう。

　日本全体で見れば沖縄県は人口増の続く数少ない県の一つであり，合計特殊出生率（一人の女性が生涯を通じて産む子の数の予測値）においては他県を引き離し1位の位置にある。それだけに多良間島（をはじめとする沖縄県内の多くの離島）の将来像にはきびしいものがある。

　さて本章では，このような過疎化の進行する離島にただ一つある保育所を舞台に，そこでの保育士と子のやりとりがとりあげられている。多良間保育所では，東京都内の保育園での観察結果と比較して，給食時の「こぼれた食べ物」を，保育士が自らの手で子の口に入れるという行動がより多く観察されたという（図5-4）。まわりを海で囲まれた離島の人間関係は濃密であろう。人と人の親密さの度合いが高まれば「汚さ」に対する感受性も変わっていくようだ。

　「汚さ」感はたぶんに知的な要素をもつ。現代人は，細菌（病原菌）という知識をもつようになったが故に「汚さ」感を知的な判断とみなしがちだが，その心理的基盤は嫌悪感である（今田, 2019；Olatunji & Mckay, 2008, 今田・岩佐監訳, 2014）。嫌悪の対象はモノだけでなく，人，人の行為も対象となる。

怒り，軽蔑とならぶ他者排斥感情の一つである。

　嫌悪は発達の過程で，その対象を食物から徐々に広げ，最終的には道徳行為にまで達する。それ故に道徳感情の一つとも見なされている（今田・中村・古満，2018）。いきすぎた想像かもしれないが，「汚さ」に対しておおらかに育った多良間の子どもたちは，他者に対しても寛容，寛大で，受容的な人柄になっていくような気がする。

　本章では続いて，東京の保育園では「先読みする促進的かかわり」が優位であるが，多良間島の保育所では「子どもを見守る抑制的かかわり」が優位であると述べられている（図5-5）。この違いは何に由来するのだろうか。本コメント執筆者の想像では，気ぜわしく効率優先の毎日を過ごす東京人と気長にのんびりと日々を過ごす沖縄人の違いが反映されているような気がする。たとえば両者の精神テンポを測定してみるとどうなるだろうか。ウチナータイム（沖縄の人に特徴的と言われる，時間に対する意識，感受性）という言葉があるように，沖縄の人々は総じて時間にこだわらず，のんびりしている。そのような悠長さ，のんびりさが「抑制的かかわり」につながっていないだろうか。さらに言えば，子はほおっておいても育つもの，親（保育士）があれこれ先回りして子の将来を決めなくてもよいと考えているような気がしてくる。

　子はDNAに組み込まれたスケジュール表に従って発達していく（のだと思う）。しかしスケジュール表はあくまでスケジュール表であって，行動発達の時間的ずれ，各ステージにおける行動獲得の広がり方は子のおかれた環境によって変わるだろう。

　本章を執筆された外山氏はこのような環境の差異が行動発達に及ぼす影響に関心がある。多良間島と東京という環境の違いが，どのような経路を経て，どのような差異をもたらすのか，結論はまだでていない。しかし将来において，鋭い切り口で，外山氏らしい興味深い議論を展開されるのではないかと期待している。

引用文献

今田純雄（2019）．嫌悪感情の機能と役割——Paul Rozin の研究を中心に．エモーション・

スタディーズ, 4（特別号）（印刷中）
今田純雄・中村真・古満伊里 (2018). 感情心理学：感情研究の基礎とその展開. 培風館.
Olatunji, B. O. & McKay, D. (2008). *Disgust and its disorders: Theory, assessment, and treatment implications.* American Psychological Association. オラタンジ, B. O., マッケイ, D., 今田純雄・岩佐和典（監訳）(2014). 嫌悪とその関連障害――理論・アセスメント・臨床的示唆. 北大路書房.

章
幼稚園児の生活：降園後の行動を中心に

宮内　洋

はじめに

　本章が書かれた頃，幼い子どもをもつ親たちの不安は増大していた。2017年3月のこと，千葉県で小学校3年の女児が行方不明となり，その翌々日に遺体となって発見された。数日後，遺体遺棄の容疑者として，40代の男性が逮捕された。その男性は，その女児が通学していた小学校の保護者会の長であった。容疑者の子どもたちもまた，同じ小学校に通う児童だという。このニュースは連日，センセーショナルに報道され，被害者と同じ小学生くらいの子どもを育てる親たちは不安を口にしていた。そして，保護者会長すらも信用できないような社会での子育てに，もはやどうすればよいのかと絶望を口にする保護者もいた。

　このようなショッキングな事件が起こり，不安を煽るような断片的な情報が連日のようにマスメディアで報道され続けていると，親たちは自らの子どもを家の外に出すこと自体が非常に危険な行為であると感じ始めるかもしれない。子どもたちに，見知らぬ大人には当然だろうが，周囲の見知った大人に対しても気をつけるように何度も注意するようになるかもしれない。結果として，子どもたちは小学校の学年が進んでも，親の目が届く室内に閉じ込められ，子どもだけで屋外で自由に行動する機会を制限され，挙げ句の果てにはその機会さえも奪われていくかもしれない。

　これから本章で描くのは，それとは真逆の世界である。子どもたちが独自に自発的に行動する世界，しかも小学校にはまだ入学していない未就学の子どもたちが独自に行動する世界，その様相を描いていく。

1節　多良間島における幼稚園児

　2部5章は，多良間島の保育所を舞台としていた。本章は，多良間島の幼稚

園に通う子どもたちに光をあてる。

　まずは，多良間島の幼稚園の歴史を簡単に振り返る。1939年に多良間島に私立愛児園が設立され，この愛児園が多良間村立幼稚園の原点とされている。1941年にいったん「愛稚園」と改称するが，翌1942年には「幼稚園」に改称する。第二次世界大戦時には休園となるが，戦後1946年11月には園舎がないままに開園され，中学校の一部を使用して保育が行われていた。1957年に待望の園舎が中学校の敷地内に建てられ，1967年に公立幼稚園となる。1980年に現在の位置，つまり小学校の敷地内に幼稚園舎が完成し，1984年に現在のような2年保育が開始された（多良間小学校創立100周年記念事業期成会記念誌編集委員会編，1993）。

　筆者がこの多良間村立幼稚園に初めて訪れたのは，1999年2月のことだった（詳細は，宮内，1999）。まだ大学院生であった筆者が訪れた園舎は，大勢の園児には少々手狭な感じだった。現在は，小学校の敷地内に新たに大きな園舎が建てられ，本章に登場する幼稚園児たちも，このとても開放感のある素敵な園舎に通っている。

　現在，多良間島で生まれる子どもは皆無である。ややトリッキーな説明となるが，島には産婦人科医が一人も常駐していないので，現在の妊婦は多良間島をいったん離れて，宮古島や「沖縄本島」，あるいは自らの出身地等の都市部の産婦人科病院に入院して出産する。そして，母親は出産後に「赤ちゃん」とともに島に戻る。その後，多くの乳幼児は島内の保育所に預けられる。島の重要な産業は農業なので，日中は母親たちもまた農業に従事したりする必要があるからだ。この島では，子どもを保育所に預けたいのに断られたということはまずない。

　大都市部では「保育が必要な幼児」は，小学校に就学するまでは，そのまま保育所に預けられ続ける。しかし，多良間島では，養育者の日中の仕事の有無にかかわらず，途中で子どもたちは保育所から幼稚園へと移行する。小学校就学前の2年間は必ず幼稚園に通園することになる。このことは多良間島にかぎったことではない。少なくとも沖縄県内では，保育所から幼稚園への移行は，奇妙なことではない。沖縄県内では公立幼稚園は義務教育の一環のようにとらえられている（宮内，1999）。実際に，多良間島においても幼稚園のこと

を「学校」と日常的に呼ぶ人は多い。沖縄県発表によると，2016年の幼稚園就園率は72.8％であり，47都道府県平均の48.5％を大幅に上回り，47都道府県においてはもっとも高い数値となっている。ただし，沖縄県の幼稚園就園率は国内では最高値であり続けているが，年々低下していることも付け加えておきたい。沖縄県内において，認定こども園が激増していることが要因と思われる。

多良間島には，公立保育所が1園，公立幼稚園が1園，公立小学校が1校，公立中学校が1校ある。私立の保育・教育機関は一つもない。そうすると，多良間島の子どもたちの義務教育を終えるまでのライフコースは，図6-1のようになる。ちなみに，公私立ともに高校および専門学校が島内にはないために，中学校卒業以降に進学するためには島を離れなければならない。

繰り返せば，未就学児たちは小学校就学前の2年間は，養育者たちが日中に就労しているか否かにかかわらず，公立幼稚園に必ず通園することになるのである。

園児たちの日常生活は，自宅で朝食を食べた後に，幼稚園に登園（概ね8時前）し，幼稚園で牛乳やおやつを飲食した後に降園する。週に一度は，弁当持参の日もあるが，その日もまた正午には降園する。降園後には，筆者が観察させていただいたすべての園児（6名の園児：男児3名・女児3名：うち2組がきょうだい）が，親と祖父母とともに，あるいはどちらかと一緒に昼食をとっていた。つまり，毎日，ほぼ家族全員で昼食を食べるという習慣になっている（弁当の日以外）。職住分離，つまり職場と住居が離れ，さらには通勤時間が片道1時間を超えることが何ら珍しくはない大都市部では考えられないことだろう。家族との昼食の後は，仕事に就く養育者たちは各々の職場に戻っていき，養育者が帰宅するまでは，子どもたちは自発的に独自に行動する。

ただし，島中のすべての人たちがいったん帰宅し，自宅で家族一緒に昼食を食べられるわけではない。島の保育所で保育に従事する人たちは，預かった園

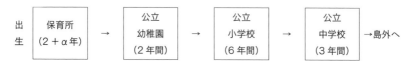

図6-1　多良間島の子どもたちのライフコース

児の昼食の世話のために，自宅に戻ることができない。多良間島での共同研究の報告会において，筆者は「島における昼食時の家族団欒」について触れたが，長年保育に従事されている方から，家族の不満も聞いた。つまり，他者の子どもの保育をおこなっている保育者のみが，自らの子どもと一緒に昼食をとれないという皮肉なことになっているわけである。

2節　〈生活－文脈〉理解型フィールドワークという方法

　本章は，「〈生活－文脈〉理解型フィールドワーク」で得られた知見に基づいて書かれている。〈生活－文脈〉とは，「私たちは文脈に依存しながら，やりとりを理解して」おり，「その文脈は自らの生活（これまでの，そしていまの生活）に密接に繋がって」おり，その〈生活〉に基づく文脈のことである（宮内，2008，p.194）。

　川田ら（2016）が「宮内（2008）が指摘するように，日本はどこでも日本語で調査研究ができるがために，かえって相手の〈生活－文脈〉を無視したまま理解した気になってしまいやすい。宮内が認識論としての文脈主義と区別して，〈生活〉という語を入れることにこだわるのは，研究者自身のポジションを括弧に入れないためである。」（川田ほか，2016，p.286）と述べるとおりに，私たちは自分自身があたり前だと認識していることにはあまりメスを入れない。

　そこで，〈生活－文脈〉を理解しようとするところから筆者は始めるわけである。その方法論はシンプルである。まず，目の前の人の起床から就寝までを観察し続ける。さらに，見誤ることのないように小型ビデオカメラにおいて録画もおこない続ける。後から何度も見直して，誤解を可能なかぎり避けたいからだ。ただし，ビデオカメラに録画された動画がその場の「真実」を示していると無自覚には考えていない。この点については，ビデオカメラで録画された状況の「羅生門問題」（「藪の中問題」）として問題提起をおこなった（宮内，2004）。

　小型ビデオカメラを手に持ちながら，いわゆる文化人類学的なフィールドワークを行うという方法を，筆者は1995年の北海道内の幼稚園でのフィールド

ワークから本格的に始めた（宮内，2005）。小型ビデオカメラで録画し続けながら，園児の一日を観察した。素早い身のこなしで動き続ける子どもを追いかけることは，日常的に運動などまったくしない成人にとってはきわめて大変なことである。島では，子どもたちが猫を追いかけて，家の軒下に潜りこんだりすることも珍しくなかった。本章を書いている途中で，筆者は左脚の大きな手術のために入院したが，これによって，現時点では（この状態がいつまで続くのかどうかはわからないが），これまでのような幼児を対象にした〈生活−文脈〉理解型フィールドワークがきわめて困難になった。この方法については，誰もが長年にわたって自由自在にできるというわけではない。私たちは生身の身体をもっているために，さまざまな実証研究には身体の制約がどうしてもともなってしまうのである。

3節　一人の幼稚園児（女児）の一日の行動

　それでは，上記の〈生活−文脈〉理解型フィールドワークによる一人の幼稚園児（調査当時は年少組に通園していた女児：以下「Aちゃん」とする）の一日の行動を示す。観察をおこなったのは，科学研究費「離島におけるアロマザリングの総合的研究」の助成を受けていた2010年代半ばの3月上旬であった。

【Aちゃんの一日の行動】
　07時00分　起床
　07時32分　朝食（15分程度）
　07時56分　自宅を母親が運転する自動車で出発
　08時06分　幼稚園園舎の中へ
　10時00分　保育園児たちが来園
　11時21分　ホールにておやつの時間（牛乳）
　12時03分　幼稚園出発
　12時06分　母親が役場前まで自動車でお迎え
　12時13分　母親の自動車で自宅到着（従妹宅経由）
　12時36分　母親と昼食
　13時07分　自転車で一人で自宅を出発
　13時15分　同じクラスの園児B（女児）宅に到着　屋内で同じクラスの園児3名と

	たくさんのお菓子を食べながら遊ぶ
13時53分	自転車で同じクラスの園児たち3名（上記とは異なる）と出発
14時12分	同じクラスの園児C（男児）宅に到着
14時24分	自転車で同じクラスの園児たち2名と出発（Cの母親から注意される）
14時27分	同じクラスの園児D（女児）宅に到着
14時33分	Dの母親から赤ちゃんが寝ていると注意されて道路へ
14時40分	スーパー前の交通標識に上る
14時45分	小学校玄関に到着　小学校近辺にいる子どもたちと遊ぶ
15時07分	同じクラスの園児・上級生4名でのいざこざ
15時20分	2名の子どもたちと一緒に「来ないで〜」と言いながら観察者をまこうとする
15時38分	オバアの家に上がり込み，缶ジュースを持ってくる
15時41分	ロックされていない軽トラックのシート上の鎌を片付ける
15時46分	軽トラックの荷台に上がる
15時47分	猫を探す
15時52分	オバアの家の中に入る
16時15分	家の中の飴を観察者に投げつける
16時17分	再びオバアの家の中へ
16時19分	いったんAちゃんの自宅に戻る
16時21分	姉が小学校から帰宅
16時21分	着替えて外に　姉妹喧嘩
16時22分	オバアがいったん戻ってくる
16時23分	オバアの家の中へ
16時30分	道路へ
16時31分	いったん自宅へ　着替え
16時35分	オバアの家の中へ→その後，観察者をまく
17時01分	観察者は校庭でAちゃんを発見
17時01分	公民館前で何かが燃えている　小学生たちが駆けつける
17時05分	公民館横の滑り台で9名の園児と一緒に遊ぶ
17時09分	小学校の校庭へ
17時13分	同じクラスの園児E（男児）宅前に到着
17時15分	同じクラスの園児Eの自宅の中へ
17時41分	同じクラスの園児Eの自宅から出てくる
17時44分	校庭の塀の上を渡る
17時45分	観察者は警察官に声をかけられる→しばし，観察の中断
17時50分	校庭でブランコ遊び
18時00分	校庭を出て自転車に乗る
18時16分	自転車で自宅に到着
19時00分	夕食（20分程度）
20時00分	従妹のお誕生日会
21時30分	母親の自動車で帰宅
21時40分	就寝（いつもは21時10分：この日のみは特別）

　上記の四角で囲んだ箇所は，幼稚園降園後にいったん帰宅し，母親と一緒に

昼食をとり，その後にAちゃんが外に遊びに行って帰宅するまでの時間帯，つまり養育者が不在となる時間帯ということになる。少なくとも，Aちゃんの母親は，この間のAちゃんの行動を知らない。養育者が，子どもたちが保育所で保育されている時間，幼稚園や学校への登園・登校後と帰宅前の様相を知らないことは当然だが，降園・下校後も養育者が仕事のためなどで自宅に不在ならば，同様となる。この場合には，都市部においては，幼稚園の延長保育や学童クラブ等によって，放課後の子どもたちを預かる制度が利用できる可能性が高い。しかし，少なくとも，調査当時においては，島にはそのような制度はなかった。そうすると，子どもたちは，養育者が帰宅するまでの間，何らかの制度として責任をもった大人によって見守られるのではなく，ある特定の大人の直接的な指示等とは無縁の中，子どもたち同士，あるいは一人で独自に時間を過ごすことになる。余談だが，筆者は臨床発達心理士として，保育者や教員，そして学童クラブ指導員等にアドバイスをする機会が多い。その際に，保育者・教員・学童クラブ指導員等は，保護者が知らない時間帯の子どもの姿をより近くで見ているので，自分たちが知らない家族との時間帯の子どもの姿についての情報をお互いに交換をすることによって，当該園児・児童・生徒に関して多面的な生きた重要な情報を交換できる，利害が一致した"同志"という関係になれるはずであるというアドバイスを行っている。

　それでは実際に，上記のこれらの時間帯のAちゃんを中心とする園児たちの行動を詳細に見ると，その時々の遊び相手も含めて，「偶発的行動」と呼べるような，あらかじめ計画されてはいない，その場その場での突発的な出来事に支配された行動の連鎖となっているように見える。これらの「偶発的行動」の連鎖が，多くの園児たちの行動の特徴といえるだろう。

　たとえば，Aちゃんは昼食を食べた後，自転車で，同じクラスの園児のBちゃん（女児）の家に向かった。Bちゃんの家にはすでに2名の同じクラスの園児たち（すべて男児）がいた。そこでは，慣れた様子で，Bちゃんの家の中のおもちゃを自由に持ち出し，庭に面した部屋で各自が個別に勝手に遊んでいた。そこに別の同じクラスの園児（女児）が次々にやって来た。子どもたちは家の大人に声をかけることなく，次々に家の中に入って行ったので，筆者は家には大人は誰もいないとばかり思い込んでいた。筆者は家の中に入るように園

児たちからは声をかけられたが，庭の隅から小型ビデオカメラで撮影していた。その後しばらくしてから，Bちゃんのオジイが庭に出て来たので，筆者は慌てて挨拶をすることとなった。子どもたちは友だちが持参したたくさんのお菓子を次々に食べながら，興味のおもむくままに動いているように見えた。そのうちにBちゃんの家の前の道路で遊び始めた。「次に○○ちゃんの家に行こう」などと誰かが言い出し，目的が決まってから行動する様子を，筆者はこれまでの他地域でのフィールドワークでは，子ども同士の遊びの行動の一環としてよく目にしていたのだが，少なくともAちゃんをはじめとして，島の子どもたちはそのような目的を口にしなかったように感じる。ただ，筆者には気づけなかっただけなのかもしれない。当時の島には種々のインフラ整備のための工事が始まっていたのだが，工事のための穴がぽっかり空いた道路上を順番に飛び越えたりしながら，さまざまなやりとりをしつつ舗装された道路を行ったり来たりする。そして，気がつけば，同じクラスの園児の家に着いていた。筆者には，Aちゃんをはじめとする園児たちの行動が，目的的な行動には見えなかった。

　次に，表6-1（次頁）は，Aちゃんが該当時間帯にいた場所と，その際に一緒にいた人を，30分間ごとに区切って表にしたものである。

　上記のAちゃんの行動からは，種々の危険をともないながらも，子ども同士の自由気ままな日常生活が展開されているように見える。幼稚園から降園してからの昼食後は，保護者が不在なために，まるで"子どもたちの自由な世界"が存在しているかのように考えられる。筆者自身もまた当初はそのように見なしていた。だが，表6-1を見ていると，実は，降園以降の園児たちがずっと"子どもたちの自由な世界"で自由気ままに行動しているわけではないことに改めて気づかされる。つまり，子どもだけではなく，同じクラスの園児の母親・父親や祖母たち，そして警察官等の各自が働きながらも，園児たちを遠くから見守り，時には園児たちに直接注意もしている。放課後の園児たちの偶発的行動の連鎖を上記で指摘したが，それらの連鎖は，周囲にいる島の大人たちのまなざしによって可能となっているともいえるだろう。本書の編者である根ケ山は多良間島で生活していたこともあり，島の多くの人たちが見知っているが，筆者は島内のごく一部の人にしか知られていない。そういう筆者が園児と

表6-1 Aちゃんがいた場所と一緒にいる人たち

時刻	場所	家族	一緒に遊んでいる子ども 同じクラスの園児	上級生	同じ場にいる大人
11:30〜	幼稚園	—	○	○	幼稚園教諭
12:00〜	自宅	母	—	—	
12:30〜	自宅	母	—	—	
13:00〜	同じクラスの園児宅および周辺	—	○	—	
13:30〜	同じクラスの園児宅および周辺	—	○	—	
14:00〜	同じクラスの園児宅および周辺，道路	—	○	—	同じクラスの園児の母親
14:30〜	同じクラスの園児宅および周辺，道路	—	○	—	同じクラスの園児の母親
15:00〜	校庭，同じクラスの園児のオバアの家	—	○	○	
15:30〜	自宅，同じクラスのオバアの家および周辺	—	○	○	
16:00〜	自宅，同じクラスのオバアの家および周辺	姉	○	○	同じクラスの園児の祖母
16:30〜	自宅，同じクラスのオバアの家および周辺	姉	○	○	
17:00〜	公民館	—	○	○	同じクラスの園児の父母
17:30〜	校庭	—	○	○	警察官
18:00〜	自宅	母，姉	—	—	

一緒に道路を歩いていると，洗い物等をしている人たちが，筆者にではなく，子どもたちに対して誰と一緒にいるのかと声をかけることがしばしばあった。このようなやりとりもまた，島の子どもたち全員を見守るまなざしの一例だろう。

　同時にまた，日常的に養育者をはじめとした周囲の大人たちが，子どもに危

険に関する注意をさまざまな場でおこなっているので，子どもの事故やケガは「子ども（自身）の責任」であると考えている島の大人もまた少なくないことにも注意したい（根ケ山，2012）。

おわりに

　本章では，就学前の子どもたちが幼稚園から帰宅後に"子どもたちの自由な世界"で自由気ままに行動する，この御時世では信じられないような島の様子を描いた。確かに，首都圏都市部においては，本章で描いたように，「友だちのオバア」，つまり友だちの祖父母の家の鍵がかかっておらず，祖母もしくは祖父が不在であるにもかかわらず，子どもたちが勝手に家の中に入り込んで遊ぶ（さらには，家の中のお菓子を食べる）という状態はきわめて稀なことであろう。さらに，冒頭で述べたように，そもそも子どものみで自由自在に遊ぶこと自体が稀なことであろう。

　同時に，そのような自由気ままな行動，さらには詳細に見てきたような偶発的行動の連鎖の背後には，働きながらも子どもたちを遠くから見守っている島の大人たちのまなざしがあることもまた浮かび上がってきた。逆に，都市部では，わが子以外の子どもたちを見守る物理的・精神的な余力がないために，多良間島の子どもたちのような偶発的行動の連鎖などは許されなくなっているともいえるかもしれない。

　本章の最後に，多良間島は周囲の宮古島と石垣島との距離があるとはいえ，当然のごとく，宇宙の中に漂い，何ものの影響もまったく受けない孤島ではなく，現代日本社会の中に位置しているというあたりまえのことも付け加えておきたい。マスメディアによる影響もまた受け，本章の冒頭部のような報道によって不安が掻き立てられる。さらに，公共事業のために島外から来る出稼ぎ労働者の数も増えており，見知らぬ大人が島内を行き来するなか，子どもたちを制限なく，自由に行動させたままで良いのかどうかについては保護者のほうも迷いが生じてもいる。そのようななかで，島内で近年，幼稚園児が自動車事故に遭った。筆者が最初に多良間島を訪れた当時は，島内を走る，ほぼすべての自動車はかなり遅いスピードで走っていた。子どもたちがどこからでも飛び出してくることが暗黙の了解になっていたからだと思われる。しかし，いった

ん島を出た人たちは,「沖縄本島」そして九州,本州での自動車運転のスピードのまま,島に戻っても運転してしまう。ましてや,島外から仕事できた人たちはそもそも島の遅いスピードで運転するという暗黙の了解などをまったく知らない。一人のオバアが,スピードを出して自動車を運転する若い母親に注意している場面に筆者は出くわしたことがある。若い母親は,大都市では普通のスピードだと反論していた。オバアは「皆が加害者にも被害者にもなってほしくないから」と注意していた。

　種々の意味から,島の中では「安全」とはいえない環境になってきたと不安に駆られる保護者も少なくない。本章で述べてきた"子どもたちの自由な世界"の様相も,今後は本章で描いたままに続くかどうかはわからない。

引用文献

川田学・白石優子・根ケ山光一（2016）.子育ての"手"をめぐる発達心理学：沖縄・多良間島の子守と保育から考える.発達心理学研究, 27（4）, 276-287.

宮内洋（1999）.沖縄県離島部における幼稚園生活のエスノグラフィー的覚え書き.北海道大学教育学部紀要, 78, 111-146.

宮内洋（2004）.〈出来事〉の生成――幼児同士の「トラブル」に見る説明の妥当性について.質的心理学研究, 3, 28-48.（宮内,2005所収）

宮内洋（2005）.体験と経験のフィールドワーク.北大路書房.

宮内洋（2008）.〈生活 - 文脈主義〉の質的心理学.無藤隆・麻生武（編）質的心理学講座第1巻　育ちと学びの生成（pp.191-215）.東京大学出版会.

根ケ山光一（2012）.アロマザリングの島の子どもたち：多良間島子別れフィールドノート.新曜社.

多良間小学校創立100周年記念事業期成会記念誌編集委員会（編）（1993）.多良間小学校創立100周年記念誌.多良間村立多良間小学校.

6章へのコメント
幼稚園児の降園後の生活

無藤 隆

「小学校にはまだ入学していない未就学の子どもが独自に行動する世界」がある。多良間島には，就学前の子どもを預かる保育所と幼稚園がある。6章では幼稚園に通う子どもの生活を扱っている。小学校の敷地内にあり，2年保育である。両親ともに働き，最初は保育所に預けられており，小学校に入る前の2年間が幼稚園である。ちなみに，沖縄では本島などでも小学校に入る前の1年ないし2年保育所から幼稚園に移る仕組みはよく見られるようだ。基本的に，この島の子どもたちは一つの保育所から一つの幼稚園，そして一つの小学校と中学校へと進む。幼稚園には，朝8時頃に登園し，弁当の日（週に一度）以外は昼までに自宅に戻り，大部分の家庭では家族とともに昼食を食べる。その後，親（養育者）が仕事から帰宅するまでは子どもたちは自由に活動する。

筆者はその〈生活−文脈〉を理解しつつ子どもの活動を追うために，朝から就寝までの子どもの様子を観察している。そこには，幼稚園でもなく，親が知ることのない子どもの行動時間が13時頃から18時頃まで続いている。子どもたち同士あるいは子ども一人で行動しているのである。その詳細な観察によると，偶発的行動といった計画されていないその場での突発的な出来事による行動の連鎖であった。子ども同士の自由気ままな日常生活が展開されていると筆者は当初，とらえている。だが，ていねいにその様子を見ていくと，まったくの子どもたちの自由な世界での気ままな行動というわけでは必ずしもない。遠くから見守る大人たち，すなわちほかの園児の親や祖母，警察官等が働きながら子どもたちを視野において，声をかけたり，時に直接に注意を与えることもある。周囲の大人たちのまなざしがあって，子どもの偶発的な行動の連鎖が成り立つのである。もとより，これらの生活のあり方は現代の動向とは無関係ではないのであり，幼稚園児も自動車事故に遭うことも出てきたのだという。そのことを含めて，この生活のあり方は文化的であり，歴史的であり，まさに筆者の言う生活の文脈にあるのである。

ここから私たち読者はいくつかを学ぶことができる。

第一は，生活の文脈についてである。発達研究や教育研究は二つのベクトル

の間を揺れ動き，むしろその緊張の中で成り立つ営みなのだということが現代の認識となってきた。二つとは生物的普遍的なあり方と歴史的文化的なあり方であり，そのなかでの独自な個としてのあり方から発達が発し，教育が意味を担うということである。そこでは普遍性と文化社会性と個別性が重なり合い，相互作用の中で発達が成り立ち，さらにそこで偶発的な出来事が大きな働きを担い，また養育や教育という意図的でありながら背後に文化性を負っている働きが影響を与える。それを全面的に一気にとらえるなどは不可能であり，多くのアプローチを積み上げ，重ね合わせるしかない。そこで実は生活の文脈が結節点としての要であるはずであり，そこでの知見が普遍性へも個別性へもつながるところであるはずである。その最も本質的でしかし取り出すための方法論は極めて素朴であり，そこに付いていき，記録し，時にそれが無理だったりするなかでとらえ直すのである。それが「生活」であるとは，日常の営みであり，衣食住と，またいわゆる学校の学習や園での保育や子どもの遊びやそのどれとも言えない偶発的な出来事が満ちている現場である。それが「文脈」であるとは，それらのことが互いに無関係なのではなく，つながり合い，相互に規定し合い，しかも偶然が作用して一義的ではない様子を捉えていくからである。

　第二は文化とは変動するものだという歴史性の把握である。ここで扱う幼稚園とはもとより近代の所産である。実際に多良間島の幼稚園は1939年に設立されたのだという。その前の幼児の生活がどうであったのかは判然としないが，ともあれ，日本の近代の変化と連動しながら，島の子どもたちの生活が変わっていったに違いない。幼稚園であるとは単に親が忙しい間，子どもを預かるという託児を超えて，小学校という学校への準備という意識があるのであろう。そしてさらにその生活はテレビやテレビゲームや電話や冷蔵庫などの導入また自動車の普及，沖縄本島での生活の移入などにより変わってきているのであろう。そういった変動する過程は一方的な主要文化の流入ではない。島の生活の独自なあり方がなお保持され，アロペアレンティングを維持していることは本書全体の記述で明らかだ。この章でも幼稚園から帰った後の子どもの遊びを丹念に追いかけ，その様子はまったく子どもの自由気ままとは言えないにしても，現代の日本の大都市圏の子どもと比べれば驚くほどに自由である（とはい

え，私の子ども時代である昭和20年代には東京あたりでも多少はそれに近い生活があったと思い出す）。

　第三は園での保育ということの背景にある乳幼児の暮らしという視点である。今，現代の多くの生活は家庭での暮らしと園での保育とからなり，その間の生活は幼児にとってはほぼ消えていっている（小学生にとってもそうかもしれない）。だが，本来そしておそらく今後も，乳幼児の保育（最近は幼児教育と呼ぶにしても同じことだ）はその子どもたちの家庭での養育さらに近隣での暮らしの発展を元にして成り立っている。園での保育の専門化は著しく，その独自の価値が認識されてきている。それがこの島の保育所と幼稚園のあり方にも反映されている。だが，その広がりは単に学校以外の家庭や地域の生活があるのだということを超えて，子どもの自発性をベースとした遊びそしてそこでの子どもの気ままさ，そこでの偶発的な出来事への出会いとのめり込みなどがあって，その洗練がいわゆる保育なのではないか。

　第四は筆者の行う研究の観察のあり方の本質性と困難性についてである。先ほども述べたように，文脈を生活という場で捉えることで子どもの活動の意味の背景が浮かび上がってくるのだし，諸々の規定要因があるにしても，それらが交錯する場がそこだ。だから，そこをていねいに捉える必要がある。そして筆者は朝から晩まで機器を手元に子どもを追いかける。おそらく厳密さを好む研究者から見れば粗いものだろう。その面倒と時に難しさはすぐわかる。だが，そこに身を挺することで，アンケートでもインタビューでも実験でも見えてこないまさに生活とその文脈が見えてくる。大人のまなざしとそこでの子どもの気ままさというまとめは深い意味をもつ。

7章
就学前の子どもの対人的かかわり

小島康生

はじめに

　はじめて多良間島を訪れたときの衝撃はいまも忘れることができない。ある種のイメージをもって島を訪れたものの，実際この目で見る子どもたちの様子は，想像をはるかに超えるものであった。

　最初の滞在時に経験したもっとも印象深いエピソードを紹介しよう。1歳を過ぎたばかりの子どもがいるお宅にお邪魔して，母親にお話をうかがっていた。するとそこへ，近所に住む4，5歳から10歳ぐらいまでの子どもたちが6，7人やってきて，その1歳の子どもと遊び始めた。しばらくして，そのなかの小学生の女子が慣れた手つきでその子を抱き上げたかと思うと，全員が連れだって外へ遊びに行ってしまったのである。まだ1，2歩，歩けるか歩けないかといったその子どもを「いつもどおり」とばかり連れて行ってしまうことにも驚いたが，「あたりまえのこと」のように，それを止めようともしない母親の様子にも驚いた。あとでその母親から聞いた話では，そのようなことはよくあることで，2時間程度，外で一緒に遊んでくれることもあるとのこと，おむつを換えてくれることさえあるということであった。

1節　子どもの世界，大人の世界

(1) 大人と子どものはざま

　現代のわが国の社会では，ある年齢に達した子どもは，幼稚園や学校といった場に参入していくのが一般的である。このことは，子どもの生活空間の多くが，基本的に大人の世界と離れたところにあり，多くの時間を子どもたちだけで過ごしていることを意味する。こうしたしくみは，社会や大人が期待する姿へと子どもを着実に成長させていくことをめざす"教育"という観点に根差しており，ある意味それは，子どもの発達を効率よく機能的に推し進めることに

もつながっている。しかし一方で，それは，年齢や立場の異なる人々と触れ合う経験を子どもから奪うことでもある。

　ここで，やや唐突だが，学校のような制度がなかった，わが国の中世の時代に遡ってみよう。たとえば平安時代から鎌倉時代にかけては，お産の様子を子どもが路地で珍しそうに見ていたり，罪人が処刑される場面で大人に交じって子どもが見物していたりする様子が絵巻物に描かれているという（森山・中江, 2002）。この時代では，子どもは大人の住む世界に密着したところにいたことが想像される。

　子どもは近代になって初めて「発見」されたのだとするアリエスの指摘はあまりに有名である（アリエス, 1980）。大人と子どもを切り分け，子どもを特別な存在とする視点は，意外にも最近になって広がったものであることがわかる。

(2) "同年齢"でまとめられた子どもの日常

　さらに，幼稚園や学校では，クラスは年齢ごとに区分けされているのが一般的である。年少組，年長組，小学校〇年生といった横割りの世界で毎日の生活を送る子どもにとって，年齢の異なる者と交流する機会は意外と少ないのかもしれない。

　そしてこうしたことは，さらに年齢を遡った乳児期ごろの子どもにもあてはまる。とくに都市部では，生まれてまもない乳児が家族以外の者と接する機会は想像以上に少なく，また相手も一部の人物にかぎられている。われわれは日常，母親になったばかりとおぼしき人々が集まって公園で子どもたちを遊ばせている姿をよく目にする。子育て支援センターなど親子が交流する場所はほかにも都市部にたくさんあるが，そこでは同じような世代の親子同士がかかわり合うのが一般的であろう。これらの場所はいずれも，年齢や立場が同じ者同士がかぎられた時間に集まってかかわりあう場として機能している。

(3) 人文地理学からの示唆

　心理学の世界とは馴染みが薄いのだが，人文地理学というなかなかおもしろい学問がある。"地理学"と名がつくことからも想像される通り，日常生活の

さまざまな局面で，人がどのような場所を生活空間として利用しているかを描き出そうとする。その人文地理学には「ドメイン」という考え方がある。ある条件に見合う人が限定的にアクセスしたり占有したりする場のことを指すのだが，都市部ではこのドメイン化が急速に進んでいるといわれる（大西, 2004）。

たとえば公園がそうである。公園は本来，多くの人々に開かれた公共性の高い場所で，異種多様な人々が交わる可能性を有していた。だが，あるころを境に，ボール遊びが禁止されたり，犬の散歩が禁じられたりするようになったのは周知の事実である。ある条件を満たす一部の人に限定される度合いが増し，人と人の交流も以前より生じにくくなっているものと思われる。同じ公園でも，小さい子どものいる人が集まりやすい公園や，犬の散歩に訪れる人が集まる公園というように，ある種の分化が起こっているようにもみえる。こうしたことが，先のドメイン化の一例である。

場のドメイン化により，一見するとわれわれの生活空間は安全・快適に，かつ機能的になったかのように見える。だが，同じような立場の者だけに限定された場所が方々に点在するという状況は繰り返しになるが，立場の異なる者同士の交流が生まれにくくなっていることを意味する。それは，対人関係の豊かさという点においてはマイナス要素とも考えられよう。

多良間島の人々のくらしを見ていると，このドメイン化とは対極にある世界が広がっているように思えてならない。あらゆる場所が多様な人々に開かれ，そのことが人間関係の豊かさを生み出しているのがありありと見てとれる。またそうした環境で育つからこそ，島の子どもたちは，まわりの人々や自分の生活空間への信頼を育み，生き生きと地に足をつけて毎日を生きているように思えてくる。

以下では，都市部の子どもたちのデータも交えながら，筆者がこの数年の間に集めたデータの一端を紹介したい。

2節　都市部の子どもの対人的かかわり

(1) 母子の外出行動

多良間島のデータを紹介する前に，都市部での一般的な子どもの対人関係の

発達を概観しておこう。

　生まれてまもない子どもにとっては，親，きょうだいなど生活をともにする家族とのかかわりが，対人関係の核をなすことは言を俟たない。なかでも，養育の主たる部分を担う母親とは日中の多くの時間を一緒に過ごすのが一般的で，それが都市部でのスタンダードな子どもの生活を形作っているといえよう。

　このことに関連して，筆者は以前，第一子を産んでまもない母親を対象に，子どもとの外出行動を2年にわたって追跡したことがある（小島, 2016）。出産したその日から，子どもが2歳の誕生日を迎えるまで，誰と，どこへ，どのような手段で出かけたのかを，毎日漏らすことなく日記につけてもらったというものである。それによると，産後3，4か月頃までは外出が一度もない日も多く，家族（夫）以外とは話をしないという人もいた。近隣に実家がある人の場合，早ければ産後2か月頃から自分で車を運転して実家を訪れるようになり，祖父母らと連れだって買い物に出かけたり，公園に遊びに行ったりといったことが行われていた。

　母子だけでの外出は，出産から4か月程度たったころから頻度が増し，日常の買い物，公園などに頻繁に出かけるようになるのは半年前後からというケースが多かった。全体に，屋外で家族以外の人物と交わることはたいへん少なく，子どもが家族以外の他者と接する機会は相当かぎられていることがうかがえた。また，子育て支援サークルなどに，定期的かつ頻回に出かけていくようになるのは，子どもが1歳半を過ぎるころからであることが示された。

(2) 対人関係の作りにくさと"その場"性

　前節でも少し触れたように，都市部での子どもの対人関係は，自然発生的に広がっていくというようなものではすでにない。まとまった時間をともに過ごし，それなりの親密なかかわりあいを子どもが他者との間で経験するには，親がそれなりの"努力"をしなくてはならない。親子を対象にした集まりは確かに都市部にたくさんあるが，親が積極的にそういう場所に足を運ぼうとする人でないかぎり，子どもは，家族以外の他者とほとんど交流をもたないまま就園時期を迎えることになる。

これに対し，保育所や幼稚園への入所・入園は，子どもの対人関係を一気に広げる起爆剤となる。だがよく考えてみると，園の先生や仲間とのかかわりも，多くが"その場"にかぎられたものであることに気づく。このほか3，4歳ごろになると，習いごとや各種教室に通う子どもも増えるが，そこでの対人関係もまた同様である。先生や講師・コーチなどの大人や，一緒に習いごとに通う仲間とのかかわりは，ほとんどがその曜日，その時間帯，その場所に限定されたもので，それを超えた濃密な関係に発展することはおそらく少ない。
　もう一点，都市部の，とくに就学前の子どもの対人関係について特筆すべきは，一定以上の親密な関係にまで発展していくかどうか，そのカギを握っているのは親に他ならないという事実である。たとえ幼稚園や習いごとに気の合う仲間がいたとしても，その子とほかの場所でも遊んだり，互いの家を行き来したりするような関係にまで発展するためには，親同士が示し合わせてそうなるようセッティングすることが不可欠である。つまり，少なくとも就学前までの子どもの対人関係は，親（とくに母親）の手の内にあるといってよい（小島，2017）。
　では，多良間島の子どもたちの対人的かかわりにはどのような特徴がみられるだろうか。以下では，これについて述べていこう。

3節　多良間島の子どもの対人的かかわりの発達

(1)　子どもの生活

　最初に，多良間島の（とくに，就学前の）子どもたちの一般的な生活の様子を紹介しよう。多良間の子どもは，母親が有職者であるかどうかに依らず，ある年齢（状況によるが，たいていは1歳～1歳半程度）になると保育所に通うケースが多い。保育所は集落の中心から300～400mほど離れたところにあり，送迎はだいたい親が行う。
　都市部との大きな違いとして，子どもは4歳になると全員が保育所を卒業して幼稚園に移行する点があげられる。幼稚園は，集落のほぼ中央，小学校のすぐ隣に位置し，村の人々の自宅からも近い。そのため，入園当初こそ親の送迎が一般的だが，1，2か月もたてば，登園も降園も一人で，あるいは友だちと

だけでするようになる。

　筆者の研究テーマとも関係するが，保育所が夕方までなのに対し幼稚園は正午までで，正午を過ぎると子どもたちは一斉に降園して自宅で昼食をとる。島では，仕事をしている親たちも正午になるとたいてい家に帰って昼食をとるため，幼稚園の子どもがいる家庭では，昼食は家族そろってということが多い（6章参照）。

　午後になると，親は仕事場に戻るいっぽう，幼稚園時期の子どもたちは，家の外の遊び場（主に小学校や幼稚園付近）に集まって遊んだり，友だちの家へ行ったりすることが多い。島の人たちは，こうした子どもの様子を"島まわり"と呼ぶ。後でも述べるように，筆者のテーマの一つは，この島まわりを通じて，子どもたちがどのような他者と触れ合っているのかである。

(2) 調査のあらまし

　調査を開始したのは，2014年2月であった。①0歳ないし1歳過ぎまでの子どもがいる母親5名，②保育所から幼稚園への移行をまぢかに控えた子どもをもつ母親6名に協力をお願いした。①，②両方の条件に該当する母親もおり，その方には両方の調査に加わってもらった。

　調査は以下のようにして行った。すなわち，3か月ごとに調査用紙を自宅に郵送し，その直後から連続5日間，次の3点を所定の用紙に記録してもらった。

　1) 自宅に人が来たか，（来た場合）その人物は子どもとどのようにかかわったか（遊びや世話，抱っこなど）

　2) 子どもを連れて家の外へ出かけたか，（出かけた場合）外で子どもが他者とかかわるようなことがあったか

　3) 子どもが母親以外の人物と家の外へ出ていくことがあったか

　データ収集は2016年3月まで約2年間行った。

(3) 0，1歳の子どもの対人関係

　図7-1は，上記の1) がどのくらいあったかを子どもの月齢に沿って示したものである。縦軸の数値は該当者の平均値である（これ以降の図も同様）。ま

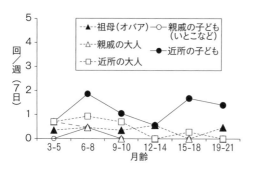

図7-1 乳児のいる家庭を訪れた人物と頻度
（多良間）

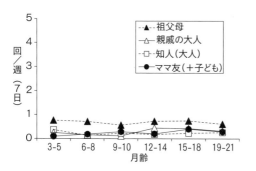

図7-2 乳児のいる家庭を訪れた人物と頻度
（名古屋）

ず目につくのは、どの月齢でも、近所の子どもたちの来訪が最も多い点である。平均すると週に1〜2日は来訪がある計算になる。筆者がかつて都市部（名古屋）で集めた同様のデータがあるので、これを多良間のデータと同じ月齢区分で示してみた（図7-2）。町の規模や近隣の環境が異なるので単純な比較というわけにはいかないが、名古屋では、地域の子どもが家にくるということ自体、想定外であるのがわかる。

これに関連して、筆者は、多良間データの協力者の一人（Mさん）に、1か月という

	日	月	火	水	木	金	土
	3/1	2	3	4	5 ●▲■	6	7 ★
	8 ●▲■ ★◆○	9	10	11	12	13	14
	15	16	17	18 ▲■▼	19	20	21
	22	23	24	25 ●▲■★	26 ●▲■★	27 ●▲■★	28 ●▲■★
	29 ★○	30 ●■	31				

注　一つひとつの記号がそれぞれの子どもに対応している。
　　なお、○は男児で★の弟（当時3歳）

図7-3　2015年3月にMさんの家庭を訪れた小学生
（この時、子どもは12か月齢）

限定つきで，自宅を訪れた近所の子どもたちの名前をすべて記録してもらった（図7-3）。ご覧いただくとわかるが，平日，休日を問わず，複数の小学生（だいたいは決まったメンバー）が来訪していることがわかる。このMさん宅は，小学生の来訪が最も頻繁であったが，他の協力者の家でも，頻度こそ少ないものの同じような事例が報告された。

　近所の子ども以外の来訪についても触れておこう（図7-1，図7-2）。祖父母の来訪は，多良間でも名古屋でもあまり差がなかった（ただし，名古屋データの協力者4名は，たまたま全員が，実家まで車で30分程度のところに住んでいた）。知人や友だち（いずれも大人）の来訪も両者で大きな違いはなかったが，多良間の場合は，子どもが1歳に満たない時期でもそうした人物の来訪があるのが特徴といえよう。名古屋のデータで特徴的なのは，ママ友とその子どもの来訪である。協力者はみなマンションやアパートなど集合住宅が住まいであったが，同じ集合住宅に住む人や地域の子育て広場等で仲良くなった人が家に遊びにくるといった内容であった。

　図7-4は，上記2）に該当する事例，つまり屋外での他者とのかかわりあいを示したものである。発達にともなう明瞭な変化は読みとりづらいが，祖父母や親戚のほか，近所の（たいていは親戚関係にない）大人との接触が多いのがわかる。具体的な記述をみると，「買い物の最中にそばにいた近所のおばさんに抱っこしてもらった」「役場へ出かけた時にそこにいた人に抱っこしてもらった」などの内容が多く，多良間の乳児は，日常的に多様な大人とかかわっていることが判明した。

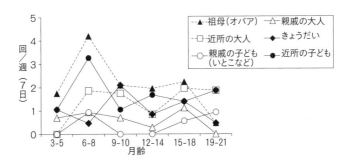

図7-4　乳児が屋外でかかわりあった人物と頻度（多良間）

いとこや近所の子どもなどとのかかわりも頻繁であった。筆者自身も，放課後の時間帯，母親に連れられて散歩している１歳程度の子どもに小学生の女子が近づき，膝に乗せて滑り台を滑ったり，ボール遊びをしたり，また背中に負ぶって走り回ったりしているのをよく目にした。こういったことも，都市部ではまず起こりにくいことであろう。

最後に，親の同行なしに子どもが他の人物と屋外へ出かけた事例についてみてみよう（図7-5）。頻度は多くないが，近隣の子どもが外へ連れ出す事例が，１歳に満たない時期からあるのがわかる。これをより詳し

父親／オバアと
オバア／オジイと
兄姉／いとこと
近所の子どもと
回／週（7日）
5
4
3
2
1
0
3-5
6-8
9-10
12-14
15-18
19-21
月齢

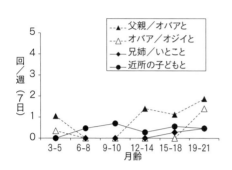

図7-5　母親以外の人物との外出の頻度（多良間）

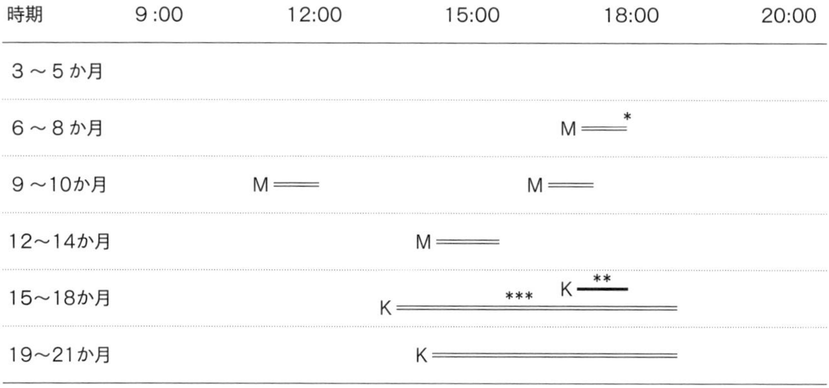

時期
9：00
12:00
15:00
18:00
20:00
3～5か月
6～8か月
M *
9～10か月
M
M
12～14か月
M
15～18か月
K **
***
K
19～21か月
K

MとKは，協力者を示している。
━━　平日の訪問をあらわす。
══　休日の訪問をあらわす。

注＊　２歳年上の兄が風邪で寝込んでいたため，よく家を訪問していた小学生女子に頼んで10分程度，外へ散歩に連れて行ってもらった，というもの。

＊＊　小学校高学年のいとこの女児とその友だちが二人でKさんの子どもを保育園まで迎えに行き，自宅に連れて帰ってきた，というもの。

＊＊＊小学校高学年のいとこの女児とその友だちが，Kさんの子どもを連れて遊びに出かけた，というもの。ときどき自宅に連れて帰り，水分補給をさせたり休憩させたりしながら夕方まで遊んでいたとのこと。

図7-6　近所に住む子どもと外出したエピソード

くみたものが図7-6である。先ほども紹介したMさん宅では、生後半年を過ぎたころから、決まった女子に短時間の散歩へと連れて行ってもらうエピソードが確認された。また、Kさん宅でも1歳を少し過ぎた時期から似たようなかかわりあいがみられた。Mさんのお子さんは、12か月を過ぎたころから保育所に通い始め、それ以後は小学生女子との散歩の事例は確認されなかったが、Kさんの家では、むしろお子さんが保育所に通い始めたあとでそうしたエピソードが登場し、数時間もの間、遊びに連れて行ってもらうこともあった（なお、Mさん宅、Kさん宅いずれにおいても、子どもを外へ連れ出していた女子は守姉ではなかった）。

(4) 幼稚園の子どもの対人関係

次に、幼稚園の子どもについての調査結果を紹介しよう。なお、紙数の都合上、3）すなわち親の同行なしに子どもが外出した事例のみに着目する。子どもがどこへ出かけたか、誰と一緒だったか、などの情報は、その都度、母親から子どもに尋ねてもらい記録してもらった。

図7-7は、幼稚園入園からの2年間の外出の頻度を示したものである。母親が不在での外出をすべてとりあげているため、後の図でも示す通り、父親や祖父母との外出事例も含んでいる。図を見ると、入園当初から、1日に1回程度は母親不在で外に出かけているのがわかる。また、幼稚園2年目の夏を迎えるころ（2015年6～8月頃）以降は、外出の頻度が前年（2014年）の同時期よ

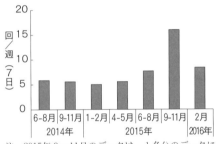

注　2015年9～11月のデータは、1名分のデータに基づく。それ以外の時期のデータは2名以上のデータの平均値である。図7-8～7-10も同様。

図7-7　母親不在での外出の頻度

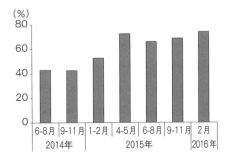

図7-8　平日の午後を自宅以外の場所で過ごした時間の割合

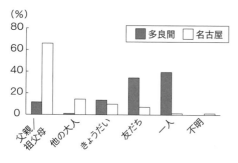

図7-9 母親以外の人物との外出とその割合

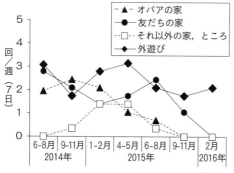

図7-10 遊んでいた自宅以外の場所や活動（多良間）

りさらに増していた。

図7-8はさらに，平日に関して，昼食後の午後1時頃以降，午後6時頃までの5時間に絞って，どのくらいの時間を家以外の場所で過ごしていたかを割合にして示したものである。幼稚園1年目は40〜50%程度で，家にいる時間のほうがやや長かった。母親から聞いた話では，当初は昼食後しばらく昼寝をさせてから外に遊びに行かせるとのことであったため，それが結果に反映したのだと思われる。だが，幼稚園2年目には外で過ごす時間が格段に増え，家にいる時間より外で過ごす時間のほうが長くなっていた。

さらに図7-9は，誰と外出したのかを示したものである。筆者が都市部（名古屋）で集めた同じ年代の子どものデータを比較の対照として示した。名古屋の子どもたちの場合，父親や祖父母との外出が突出して多いのが特徴で，きょうだいや友だちと（つまり子どもたちだけで）外へ出て行くことはあまりなかった。いっぽう多良間の子どもは，一人で外出することが最も多く，友だちが誘いに来て一緒に出ていくというのがそれに次いで多かった。"一人で外出"といっても，行き先はたいていお決まりの遊び場で，そこで友だちと合流するのが常なのだが，ひとまず家を出るときには一人だったということである。名古屋と違って大人が必ずしも同行しない点が大きな特徴といえる。

図7-10は，屋外のどこにいたか（あるいは何をしていたか）を示したものである。幼稚園入園後しばらくは，祖父母の家（オバアの家など）によく出かけていたが，少しずつその頻度は減少し，外遊びや友だちの家での遊びが中心に

なっていった。また興味深いのは「それ以外の家，ところ」で，これには，いとこの家，友だちのオバアの家などがよく登場した。記述されていた内容をみると，じっさい子どもたちはよく，友だちに連れられて，その友だちのオバアの家を訪れているということであった。夏場はそこで飲み物をもらったり，またお菓子をもらったりすることがあり，単にひと休みするために訪れることもあるようであった。

「それ以外の家，ところ」には，親の職場やオバアの畑といった記述もみられた。多良間の子どもたちはこのように，さまざまな場所を停泊地のように利用しながら，平日午後の多くの時間を屋外で過ごしていることがわかった。

4節　多良間の子どもの目の前にはどんな世界がひらけているか

　何度も言うように，子どもの対人関係の発達は，親をはじめ家族を基点としながら徐々に家族以外の他者へと広がっていく，とみるのが定説である。しかし都市部の場合，子どもが家族でない人物との関係を築き深めていくのはそう簡単ではない。また，仮に子育て支援センターのような場が近くにあっても，それらの場でかかわる相手は，その時，その場所にかぎってのことが多く，ママ友や月齢・年齢の近い子どもなど立場のよく似た人物とのかかわりに限定されやすいことも都市部の特徴であった。

　少し大きくなっても，車が多い，"知らない人は怖い人（stranger danger）"といった心配や警戒心のために，子どもが一人で（あるいは子どもたちだけで）外出することが許されることはめったになく，結局はどこへ行くのも，親が車で連れて行って連れて帰ってくるのが一般的と考えられる。図7-11に示すように，都市部の子どもの生活世界や対人関係は，親の管理・監視のもと，いくつかの"点"が付近に広がっているようなイメージで捉えることができる。

　それに対し多良間の子どもたちは，幼稚園の子どもの"島まわり"に代表されるように，自分の足で動きながら自分の身体全体で周囲の生活世界を体感していることが推測された。前節では触れなかったが，「近所の子ども」のなか

には，同年齢や年齢の近い子どもだけでなく，小学校高学年程度の児童までが含まれており，冒頭のエピソードにも示した通り，赤ちゃんから小学生までさまざまな年齢の子どもが入り交じって遊ぶのが一般的であった。

そのうえ，のどが渇けば飲み物を提供してくれる家がそこらじゅうにあり，親の職場にひょっこり顔を出して，そこで働くほかの大人たちとおしゃべりするのも日常のことであった。多良間の子どもは，自分で歩き，考えて，行動するクセが自然に身についているものと考えられた。調査中，幼稚園1年目の4歳の子どもが，友だちと一緒に集落の端のほうまで行ってしまい帰り道がわからなくなってしまったというエピソードをある母親から聞いた。だが，その子どもは近くにいた大人に道を尋ねて，自力で自分の家まで帰ってきたそうである。

なぜ，このようなことが可能なのか。第一に，集落全体が子どもの足でほぼ到達できる範囲内であること，第二に，みなが互いの顔をだいたい知っていること，そして第三に，車の通行が少なく安全であることが背景としてある。またほかには，先の乳児のデータからもわかる通り，多良間の子どもは，幼いこ

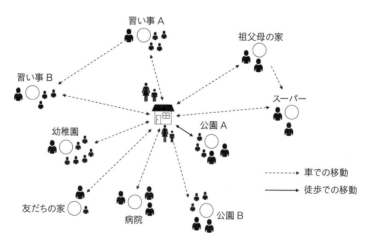

図7-11　都市部に住む子どもの生活世界の広がりと対人関係
親（主に母親）が車で子どもを主要な場へ連れていく様子をイメージしている。自宅が拠点になっており，親の同行がほとんどを占める。また，それぞれの場に応じて，そこにいる大人や子どもとのかかわりが展開する。本文にも述べた通り，子どもの生活世界や対人関係は，いくつかの点が広がっているように見える。

ろから，大人子ども構わずさまざまな場面で周囲の人々に相手をしてもらう経験を重ねている。そのため，人そのものに対する距離感が小さく，周囲の人々への信頼感を着実に育みながら成長しているのだと考えられる。周囲にいる他者はたいてい，いつかどこかで目にしたことのある人物で，そうしたことが，乳児のいる家を小学生が訪れたり散歩に連れ出したりする素地や雰囲気を作り出しているのだといえる。

　図7-12は，多良間の子どもの生活世界や対人関係の様子を描いたものである。都市部と違って多良間の子どもは，午前中に幼稚園で遊んだ友だちと午後は別のところで遊ぶといったことや，以前，何かの機会に遊んだり話したりしたことのある年上の子ども（島の子どもたちは，親しみを込めて"ニイニイ"，"ネエネエ"と呼ぶ）や大人と遊んだりおしゃべりをしたりといったことを日常的に経験している。都市部の子どもの生活世界や対人関係が"点"であらわされたのとは対照的に，多良間の子どものそれは，時間と空間を横断した"面"状の広がりをもって展開しているとみることができよう。

　そうした日常を生きる多良間の子どもたちは，いったい自分の生活世界をどんなふうに見たり感じたりしているのだろうか。機会があれば，ぜひそういっ

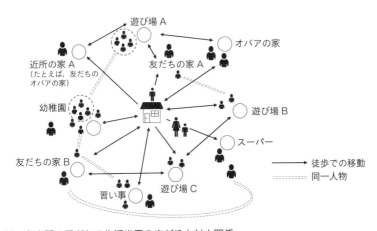

図7-12　多良間の子どもの生活世界の広がりと対人関係
子どもは徒歩（あるいは自転車）で，さまざまな場所を自分で移動する。同じ人物と別の場所で遊んだり，かかわったりすることもしばしば起こる。本文では，都市部の子どもとの対比において，多良間の子どもの生活世界や対人関係が，"面"状に広がっていくと述べた。

たことも調べてみたいと考えている。多良間島の子どもの姿は，都市部の子どもの調査からは決して読みとることのできないたくましさ，柔軟性を感じさせてくれる。周囲の人，場所，地域に密接に交わりながら，"生き物"として着実に成長していく姿は，発達とはいったい何なのかをあらためて考えなおす視点を提供してくれる。

引用文献

アリエス，P. 杉山光信・杉山恵美子（訳）(1980). 〈子供〉の誕生——アンシァン・レジーム期の子供と家族生活. みすず書房.

小島康生 (2016). 乳児のいる女性はどのような外出行動をとるか——出産から2年にわたる縦断的日誌調査から. こども環境学研究, *12*, 28-36.

小島康生 (2017). 対人関係と集団参加の発達. 近藤清美・尾崎康子（編）シリーズ臨床発達心理学. 第4巻 社会・情動発達と支援 (pp.76-87). ミネルヴァ書房.

森山茂樹・中江和恵 (2002). 日本子ども史. 平凡社.

大西宏治 (2004). 社会の変化と遊び空間. 寺本潔・大西宏治（共著）子どもの初航海——遊び空間と探検行動の地理学 (pp.147-154). 古今書院.

7章へのコメント
子どもの対人的関係の形成

住田正樹

　周知のように社会学者のクーリー（Cooley, C. H.）は「第一次集団」（primary group）の概念を作り上げ，人間の社会性の形成にとって根本的意義を有するとした。第一次集団は，親密な face-to-face の結合から成る集団であり，その結果，成員は連帯感と一体感を形成するようになり，一つの共通した全体のなかに融合されるとした（Cooley, 1909）。その全体性をクーリーは，一つの「われわれ」（a "we"）と表現している。そして第一次集団の例として，家族集団，子どもの遊戯集団，近隣集団をあげている。この近隣集団は，子どもと近隣の大人（隣人）との関係から成る集団のことである。

　しかし，子どもの遊戯集団や近隣集団の調査研究は多くはない。それは，同じ子どもの所属集団であっても，家族集団や学校集団は成員が明確であり，所在が一定であるのに対して，子どもの遊戯集団や近隣集団は成員が隣接居住という一定範囲に限定されているものの，集団形成は随意的であり，成員は常に同一とはかぎらず流動的であり，しかも遊戯集団にあっては所在は一定ではないから，集団を捉えること自体が困難だからである。これらの集団を調査するには，まず第一に調査対象としての集団の存在を確認し，集団の成員を明確にして集団の範囲を限定しなければならない。調査にかかるのはそれからである。

　本章で小島氏は多良間島の子どもたちの地域における対人的関係を取り上げているが，それは具体的には，子どもの遊戯集団であり，近隣集団のことである。第一次集団を形成する face-to-face の関係をデーヴィス（Davis, K.）に倣って「第一次関係」（primary relationship）と呼ぶとすれば（Davis, 1948），小島氏は地域における子どもの第一次関係の様相を明らかにしようとしたのである。

　小島氏は，そのために母親に調査協力を依頼して子どもたちの対人関係の様相を記録してもらうという手法を採っている。また，ヒアリングも実施している。そしてその結果を都市部の子どもたちと比較して，多良間島の子どもたちの対人関係の特徴を浮き彫りにしようとする。多良間島の子どもたちは，乳児

のいる家庭を頻繁に訪問したり，そこの赤ん坊を外に連れ出して一緒に遊んで面倒をみたり，異年齢の仲間をも含めて戸外の遊び場で集団を成して遊んだり，仲間の家を相互に訪問し合ったりして，多様な，かつ親密な遊戯仲間関係を築いている。また遊びの最中に喉が渇けば飲み物をくれるような家が地域のどこにもあるというほどに親密な，かつ広範な近隣関係をも築いている。多良間島の子どもたちの，このような親密な，かつ安定的な関係は都市部ではほとんど見られないだろう。だが，多良間島の子どもたちにとってはそれが日常なのである。

このような関係が可能な理由を，小島氏は，①集落全体が子どもの行動範囲内にあること，②皆が互いの顔を知っていること，③地域生活の安全という安定性の故だとする。まさに多良間島の人々は，親密な face-to-face の関係にあり，集落全体が一つの「われわれ」(a "we") になっていると言ってもよい。デーヴィスは第一次集団の特質の一つに小規模であることをあげているから，集落全体が第一次集団であるとは言い難いが，しかし集落全体は face-to-face の第一次関係で結びつき，第一次集団的性格を帯びている。多良間島の人々は，クーリーの言うように，打ち解けた「心と心の触れ合った生活」(heart-to-heart life of the people) を営んでいるのである。しかもこうした第一次関係は自然発生的である。多良間島の子どもたちは，生まれたときから，このような親密な，安定的な face-to-face の関係に入り，成長し発達していく過程において第一次関係の輪を自然に広げていくのである。その意味で多良間島の子どもたちの生活は，人間の社会性の形成の原点とも言える。

一方，都市部の子どもたちの対人関係は，その対極にある。小島氏はそれを「ドメイン化」と特徴づけている。都市の諸々の生活空間はその利用者に対してさまざまな条件を課するようになり，そのために利用者はそれらの条件にかなった同じような立場や性格の人々にかぎられ，したがってそこで形成される人間関係は限定的であり，一時的であって，多様性や親密性が失われるようになった。小島氏は多良間島の子どもたちの対人関係は「面状」に広がっているが，都市部の子どもたちのそれは「点」であると的確に特徴づけている。

このように地域の対人的関係といっても具体的には，子どもの遊戯集団や近隣集団に見られる遊戯仲間関係や近隣関係であるが，このうち近隣関係は子ど

もを主体とした「子ども－隣人関係」と隣人を主体とした「隣人－子ども関係」に分けられるから、今後はいずれの関係の様相をも捉えていくことが必要だろう。ただし、子どもの遊戯集団や近隣集団は随意的であり、成員も流動的であり、所在も一定でないから、具体的にそうした関係の様相を捉えていくためには個々の成員を対象に個別に面接調査を実施していく必要があると思われる。

引用文献

Cooley, C. H. (1909). *Social organization: A study of the larger mind*. Charles Scribner's Sons. 大橋幸・菊池美代志（訳）(1970). 社会組織論. 青木書店.

Davis, K. (1948). *Human Society*. Macmillan Co. 渡瀬浩（監訳）西岡健夫（訳）(1985). 人間社会論. 晃洋書房.（ただし、11. Primary and Secondary Groups, 15. Marriage and the Family, 17. Economic Institutions の抄訳）

8章 幼稚園児と小学生のソーシャルネットワーク

近藤清美・山口　創

はじめに

　毎年，11月の初旬の日曜日は，多良間島の村民運動会である。大人も子どもも小学校の運動場に集まり，地区対抗戦で，多良間の伝統的な遊びや農作業を模したさまざまな競技を行う。はじめは大人たちの応援に熱心だった子どもたちも，飽きてくると小学校とそれに隣接する幼稚園の遊具に集まって子ども同士で遊び始める。1，2歳の幼児でも年長の子どもに連れられて遊んでいる。たまたま村民運動会に参加したある年，何気なく見ていると，幼稚園の園庭の縁の高くなっているところを，2歳の男児がバランスを取りながら一生懸命に歩いていた。危ういと思ってみていたら見事に1メートルほど下の道路に落ちてしまった。それを見た小学校高学年が慌てて駆け寄ると，その子は泣くのを我慢して，しっかり抱きついて慰めてもらっていた。こういう姿は多良間島では日常茶飯事である。子どもが子どもの世話をし，危機的場面では年長児がアタッチメント対象となり，同時に遊び相手ともなっている。

　本章では，そうした姿を質問紙や面接を通じて子どもたちに直接聞き，東京都での調査と比較して明らかにする。

1節　多良間島で行われる研究の意義

　哺乳類の繁殖戦略の基本は，母親の胎内で安全に子どもを育て，出生後も哺乳によって栄養補給をして生存を確実なものとすることである。したがって，母子間の絆は哺乳類に共通する特徴といえる。母子間の絆の重要性に注目し，アタッチメント（愛着）と名づけたのは John Bowlby である。彼は，盗癖児の研究から，母性的養育を十分に受けられないことが精神的健康に悪い影響を及ぼすことを明らかにした（Bowlby, 1951）。

　ところで，アタッチメントはしばしば誤解されるが，単なる情緒的絆ではな

い。子どもがアタッチメント対象を安全基地として利用し，危機的場面で保護や世話を求め，危機がない場面でアタッチメント対象が保護してくれることを探索する行動システムであり，アタッチメント対象から保護を得て安全・安心であると信じる内的表象である。また，Bowlby (1969/1982) の初期の研究で唱えられた母子関係がすべての関係の鋳型であるとするプロトタイプ仮説や，子どもは特定のアタッチメント対象と排他的関係を結ぶとするモノトロピー（単向性）はその後の研究で否定されている。たとえば，オランダとイスラエルの研究 (van IJzendoorn, Sagi & Lambermon, 1992) では，母親と父親，保育士に対するアタッチメントを総合したほうが後の発達を予測することを明らかにしている。また，保育所での研究で，乳児は保育士に対して親とは独立にアタッチメントを形成することが明らかにされており (Ahnert, Pinquart & Lamb, 2006)，乳児が発達の初めからさまざまな対象にアタッチメントを形成することは明らかである。

　近年，アフリカや東アジアなど，さまざまな国でアタッチメント研究が行われ，アタッチメントは文化にかかわらず普遍的に形成されることが明らかにされている (Mesman, van IJzendoorn & Sagi-Schwartz, 2016)。しかしながら，Otto & Keller (2014) が指摘するように，アタッチメント研究のほとんどが欧米の核家族での研究であり，それ以外の養育システムでのアタッチメント形成は従来の研究成果と異なる様相を見せる可能性があり，研究が求められている。

　確かに，アタッチメントは子どものソーシャルネットワークの中で重要な位置を占めるが，子どもは他者に対して世話・保護を求めるだけではない。Lewis (1982) は，子どもは生後すぐよりさまざまな他者とのソーシャルネットワークの中で過ごし，他者は子どもにとって多様な機能を果たすことを指摘している。また，Trevarthen & Aitken (2001) は，子どもを取り巻く社会的環境として，アタッチメントだけでなく，間主観性を基盤として社会的相互作用や文化学習の機能を果たすコンパニオンシップの重要性を指摘している。

　アタッチメントとコンパニオンシップは，前者が子どもと大人との世話・保護をめぐる縦の関係であり，後者が対等な社会的相互作用を担う横の関係である。両者は，子どものソーシャルネットワークの中でともに重要で，養育者は

場合に応じてその両方の役割を果たす。さらに、養育者が果たす役割として、子どもに情報提供して教示する社会化の機能も忘れてはいけない。つまり、子どものソーシャルネットワークとして、アタッチメントとコンパニオンシップ、さらには社会化の機能が重要といえるだろう。また、当然ながら、子どもにとって遊びは特別な機能をもち、子どもを取り巻くさまざまな他者が遊び仲間としての役割を果たす。

多良間島の養育システムの特徴は、守姉の風習に見られるように、子どもを含めて子どもの養育にさまざまな人がかかわることにある。そこでの研究は、核家族を中心に研究がなされたアタッチメント理論を見直す重要な機会といえる。本稿では、あえて都市部で開発された尺度を用い、多良間島と都市部での比較を行うことで、多良間島の子どもたちのソーシャルネットワークの特徴を明らかにする。使われる尺度は、項目によっては多良間島の日常生活には合わないものであったり、望ましいとされる基準が多良間島の文化から見ると必ずしもそうでない場合もあり得る。しかしながら、多良間島の子どもたちの特徴を浮かびあがらせるためには何かとの比較が必要であり、そうした限界をわかったうえで、あえて既成の尺度を用いることにした。

2節　多良間島と東京都の子どもたちの　　ソーシャルネットワークの比較

(1)　ソーシャルネットワークの調査

子どものソーシャルネットワークの機能について、Lewis (2005) は保護や世話、養護、遊び、学習などを考え、それぞれを担う対象とのソーシャル・ネットワーク・マトリックスを考えた。この考えを発展させて、Takahashi (1974) は、人間の生存や安寧にとって不可欠な情動的関係を「愛情の関係」としてとらえ、それを測定するために「愛情関係尺度 (ARS)」を開発した。この尺度は中学生から高齢者まで使える自己報告式の質問票であるが、これと同じ原理に基づいて、低年齢でも使えるように開発したものが図版を用いた「絵画愛情の関係のテスト (PART)」である。これには、幼児版 (PART-YC) と小学生版 (PART-SC) がある。

オリジナルの PART（高橋，1978-2000）では，①近接を求める，②心の支えを求める，③行動や存在の保証を求める，④激励や援助を求める，⑤情報や経験を共有する，⑥養護する，といった6つの心理的機能がとりあげられた。それぞれの機能について，3つの場面（図版）でそばに最もいてほしい人物を答えることでソーシャルネットワークの対象者が明らかにされた。しかしながら，アタッチメントやコンパニオンシップといった概念に即して子どもたちのソーシャルネットワークを明らかにするために，本研究では以下のように機能と場面の対応を作り直して調査が行われた。

（1）遊び：近接を求める3つの場面は家や野外，学校で遊ぶ相手を選択するものであるために「遊び」の機能を表すものと考えた。

（2）アタッチメント：怪我をしたり病気になって援助を求める場面や，安心を得たり，悲しくなって慰めてもらうといった情緒的サポートを求める場面は，困った時に世話や安心を求める「アタッチメント」の機能を表すものと考えた。

（3）コンパニオンシップ：経験を共有する宇宙旅行に行くことやレストランで食事をすること，宝物を見せること，また，情緒的サポートのうれしいことを知らせる場面は，活動や楽しみを共有することであり「コンパニオンシップ」の機能を表すものと考えた。

（4）情報求め：折り紙や算数の問題を教えてもらったり，花の名前を確かめたり，何で遊ぶのか迷って教えてもらう場面は，「情報求め」の機能を表すものと考えた。

（5）援助：困っている時に相談にのったり助けてあげたり，一緒に喜んであげる場面を「援助」の機能を表すものと考えた。

なお，幼児版にはお風呂に入る場面とレストランに行く場面がある。それらについて，多良間島では湯船に入る形式のお風呂ではなくシャワーだけの場合が多く，幼い子どもにとってレストランに行くということは非常にまれなことであり，この場面について子どもたちから「わからない」や「こんなことないよ」という反応が多く分析から外した。

ソーシャルネットワークの調査では，幼稚園児と小学1，2年生では幼児版の PART を用いて個別に子どもたちに聞き，小学3年生から6年生には集団

式PARTにより質問紙で調査を行った。

幼児版のPARTによる面接調査に協力した子どもは、多良間島の幼稚園児（4～6歳）が33名、小学1、2年生が15名、東京都の幼稚園児が16名、小学1、2年生が23名であった。東京都での調査は、私立大学に附属する幼稚園と小学校で行われた。面接は、休み時間や放課後、個別に所定の場所に来てもらい、大人と一対一で行われた。オリジナルと同じ順番で図版を一つずつ提示し、その場面で一番一緒にいたい人を聞いた。

小学生版の集団式PARTによる質問紙調査に協力した子どもは、多良間島の3、4年生が26名、5、6年生が21名であり、東京都の3、4年生が74名、5、6年生が75名であった。東京都での調査は、1、2年生と同じく大学附属小学校で行われた。多良間島でも東京都でも、質問紙調査は昼休みを用いて一斉に担任の先生によって行われた。すべての場面に同じ名前を入れた子どもが多良間島にも東京都にも1名いたので分析から外したが、それ以外は教示に従って記入できていた。

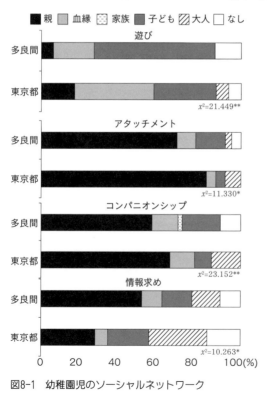

図8-1　幼稚園児のソーシャルネットワーク

(2) 子どもたちのソーシャルネットワークの差異

ソーシャルネットワークの調査の結果は、各図版に対する回答を①親：母親、父親、②血縁：きょうだいや祖父母、いとこ、おじ・おば、③家族、④子ども：血縁以外のすべての年齢の子ども、⑤大人：血縁以外の近所の大人、幼稚園や小学校の先生、⑥なし：誰もいない、の6種類に分けた。なお、面接におい

て，誰を指すのか特定できない回答の場合は，質問を重ねて特定した。しかし，面接では聞きなおし，質問紙調査では明確に教示したにもかかわらず，「家族みんな，誰でもない」と回答したものがあったため，「家族」のカテゴリーを設けた。結果は，ソーシャルネットワークの機能ごとにすべての回答を集計した値による比率を統計的にカイ二乗検定で比較した。

幼稚園児のソーシャルネットワークについて（図8-1），「遊び」に有意差があり，多良間島の子どもは東京都より遊び相手に「子ども」を多くあげ，東京都の子どもは「親」やきょうだいなどの「血縁」を多くあげた。また，「アタッチメント」にも有意差があり，多良間島の子どもは東京都より「子ども」をアタッチメント対象として多くあげ，東京都の子どもは「親」をアタッチメント対象として多くあげていた。さらに，「コンパニオンシップ」でも，多良間島の子どもたちは「子ども」をあげる割合が多く，「なし」という回答をするものがあったが，東京都では皆無であり，その一方で，東京都の子どもには幼稚園の先生といった「大人」をあげるものがいたが多良間島では皆無だった。「情報求め」については，多良間島の子どもは「親」を多くあげ，東京都の子どもは「大人」を多くあげていた。

小学1，2年生のソーシャルネットワークについて（図8-2），「遊び」に有意差があり，東京都では「親」を多くあげていた。また，「アタッチメント」にも有意差があり，多良間島では，「子ども」と「家族」を多くあげていた

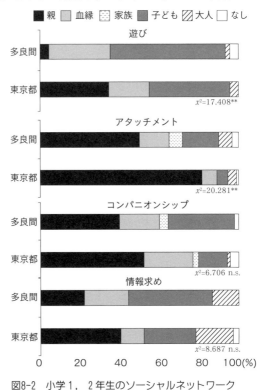

図8-2 小学1，2年生のソーシャルネットワーク

が，東京都では「親」を多くあげていた。「コンパニオンシップ」や「情報求め」には有意な差はなかった。

小学3，4年生のソーシャルネットワークについて（図8-3），多良間島ではどのカテゴリーでも，「家族」をあげるものがいる一方で，東京都では「家族」を揚げたものは皆無であった。そのため，どのカテゴリーでも有意差が生じた。「アタッチメント」と「情報求め」では，東京都のほうが「子ども」をあげることが多かった。

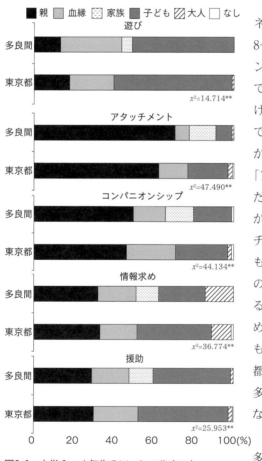

図8-3 小学3，4年生のソーシャルネットワーク

小学5，6年生のソーシャルネットワークについて（図8-4），「遊び」や「アタッチメント」，「コンパニオンシップ」で，多良間島では「家族」をあげるものが有意に多く，東京都でも「家族」をあげる者もいたが少数であった。東京都では，「アタッチメント」ではきょうだいや祖父母といった「血縁」が有意に多く，ペットをアタッチメント対象としてあげるものもいた。多良間島では，いずれのカテゴリーでもペットをあげるものはいなかった。「情報求め」では多良間島では「子ども」をあげるものが多く，東京都では「血縁」をあげるものが多かった。「援助」には差異がなかった。

これらの結果をまとめると，多良間島では，低年齢において，血縁を越えた子ども同士の

密なつながりを見ることができる。とくに、怪我をしたり困ったりした時には安心を求める対象として子どもがあげられ、近所にいる年長の子どもがアタッチメント対象になっている場合があることがうかがえた。その一方で、東京都では、アタッチメント対象は親が中心となり、遊び相手も親やきょうだいが多く選ばれ、子ども同士の遊び仲間さえ成立しにくい様相がうかがえた。この点について、都会では放課後に習い事で忙しいという事情や、本調査の対象が広範囲から通ってくる附属幼稚園・小学校の児童であったため、放課後の子ども同士のかかわりの希薄さが影響していると考えられる。

小学3年生以上になると、多良間島では「家族」という回答が目立った。多良間島の小学3年生以上の47名中9名（19％）が「家族」をあげたが、東京では149名中わずか2名であった。多良間島では、同居している父母やきょうだいだけでなく、近所に住む祖父母やおじ、おば、いとこを含めた血縁すべてが「家族」として不可分の一体ととらえられ、特定の誰がというわけではなくソーシャルネットワークの重要な位置を占めているようである。その一方で、東京都では、きょうだいや祖父母、時にはペットがアタッチメント対象となることが多良間島より多かった。思春期に近づくこの時期では親からの自立が進み、親から仲間へとアタッ

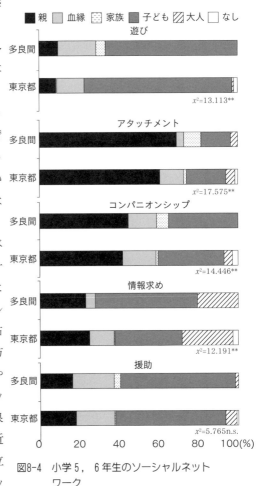

図8-4　小学5，6年生のソーシャルネットワーク

チメント対象が移行する時期とされているが，東京都ではその受け皿がきょうだいなどの「血縁」となっているようである。その一方で，多良間島では高校生以上の子どもは「島発ち」して島内にはいないため，きょうだいを含めた年長の子どもがソーシャルネットワークの対象になりにくいということや，「家族」という共同体がソーシャルネットワークの重要な対象となることがあり，東京都とは異なるアタッチメント対象の移行がなされている可能性がある。

(3) アタッチメントの安定性と自尊感情，社会性，身体接触の頻度の調査

質問紙に答えることができる小学3年生から6年生に対して，アタッチメントや自尊感情，社会性，身体接触の頻度について聞いた。回答してくれたのは，PARTに答えたのと同じ子どもたちであり，多良間島の47名と東京都の149名である。結果を表8-1に示した。

まず，どの程度，アタッチメント対象を信頼してあてにしているかを示す「アタッチメントの安定性」を問うために，カーンズ・セキュリティ・スケール（KSS；中尾・村上，2016）を用いた。その結果，アタッチメントの安定性について，多良間島と東京都で差異がなく，学年による違いも見出されなかった。

次に，「自分は大切にされている」「自分のことは好きである」など，自尊感情を調べるために，青島（2008）が開発した自尊感情尺度を用いた。その結果，多良間島の子どもたちのほうが東京都の子どもたちよりも有意に自尊感情が高く，自分のことが好きで大切にされていると感じていた。学年による差異は見られなかった。

さらに，社会性について，「向社会的スキル」や「引っ込み思案行動」，「攻撃行動」といった側面を調べる嶋田・戸ヶ崎・岡安・坂野（1996）の小学生用社会的スキル尺度を用いた。その結果，多良間島と東京都では有意な差異が見いだされなかった。また，学年差が有意で，3年生と5年生の間に向社会的スキルで差異が見られた。

子どもや大人に対する身体接触について，友だちと母親，父親，先生について，触れたり，触れられたりする頻度を聞いて，その合計得点を算出した。その結果，多良間島と東京都では有意差はなく学年差が見られた。とくに，4年

表8-1 多良間島と東京都でのアタッチメントの安定性と自尊心，社会性

	多良間島	東京都	3年	4年	5年	6年	主効果 群	主効果 学年	交互作用 学年 x 群
アタッチ	42.05	40.30	40.27	41.18	39.67	40.73	1.537	0.588	1.163
メント	(6.55)	(8.47)	(7.33)	(8.12)	(44.55)	(7.88)			
自尊心	28.11	25.94	29.98	27.63	25.17	26.16	4.564*	0.394	0.822
	(5.37)	(5.93)	(5.71)	(6.01)	(5.40)	(6.17)			
向社会的	18.27	19.31	20.10	19.96	18.02	18.23	3.209	2.723*	0.336
スキル	(3.53)	(3.79)	(3.15)	(3.32)	(4.15)	(3.86)			
孤独感	6.70	6.62	6.74	6.63	6.46	6.74	0.015	0.153	0.097
	(2.64)	(2.66)	(3.09)	(2.48)	(2.97)	(2.85)			
攻撃性	7.41	6.52	6.55	6.67	7.02	6.71	3.757	0.007	0.973
	(2.20)	(2.66)	(2.88)	(2.86)	(2.51)	(2.05)			
身体接触	18.58	18.23	17.92	21.83	17.43	16.17	0.054	6.953**	2.144
	(7.00)	(6.13)	(6.76)	(5.26)	(6.25)	(5.67)			

数字は平均値，カッコ内は SD，$p<.01$** $p<.05$*

生において，他の学年より他者に触ったり触られたりする頻度が多いという回答であった。

　これらの結果をまとめると，アタッチメントの安定性や社会性において多良間島と東京都で大きな差異はなく，自尊感情について多良間島のほうが東京都よりも高いというものであった。自尊感情については，ソーシャルネットワークだけでなく，子どもたちを取り巻くさまざまな状況が影響していると考えられる。とくに，東京都では学業をめぐる競争社会の中で子どもたちが高い自尊感情を維持できない状況にあることは否めない。その一方で，多良間島では，低年齢では親だけでなく，さまざまな年齢の子どもがアタッチメントの対象となっており，高年齢では家族をはじめとする共同体の影響は大きいと考えられる。Bowlby (1969/1981) のアタッチメント理論では，アタッチメントの安定性が自信に満ちた安心のある自己感を形成することを示し，6歳児でアタッチメントの安定性と自尊感情の関連を証明した研究もある (Cassidy, 1988)。多良間島の場合，親だけでなく，子ども同士の関係や家族という共同体に子どもたちは支えられ，自らが大切にされていると感じることで，東京都よりも高い自尊感情をいだくことができたと考えることが可能である。

表8-2 多良間島と東京都での保護者評定によるSDQ

	多良間島	東京都	3年	4年	5年	6年	主効果		交互作用
							群	学年	学年 x 群
情緒の問題	1.77 (2.08)	1.65 (1.74)	1.32 (1.43)	1.76 (1.79)	2.28 (2.30)	1.69 (1.83)	.580	1.955	.814
行為の問題	2.29 (1.74)	2.09 (1.54)	2.23 (1.48)	1.95 (1.50)	2.17 (1.63)	2.21 (1.74)	.431	.370	.629
多動・不注意の問題	3.48 (1.67)	3.36 (1.67)	3.36 (1.36)	3.19 (1.81)	3.38 (1.74)	3.38 (1.74)	.029	.420	.496
仲間関係の問題	2.27 (1.93)	2.07 (1.75)	1.71 (1.45)	1.95 (1.77)	2.69 (2.09)	2.00 (1.69)	.837	1.982	.879
向社会性の程度	6.94 (1.84)	6.62 (2.17)	7.27 (1.08)	7.20 (2.31)	6.52 (2.15)	6.24 (2.27)	.161	.989	.528

数字は平均値

(4) 子どもたちの問題行動と向社会性

　ここまでの結果は，子どもたちに問うことで得られたものである。アタッチメントの安定性や自尊感情については子ども自身のとらえ方が重要であるが，社会性については子どもの報告では客観性に問題があり，他者評価でとらえることが必要である。そこで，保護者に対してSDQ（Strengths and Difficulties Questionnaire）という質問紙を実施した。SDQはGoodman（1997）によって開発された質問紙で，①情緒の問題，②行為の問題，③多動・不注意の問題，④仲間関係の問題，⑤向社会性の程度，の5領域について調べるものであり，臨床領域でも多く使われている子どもの問題行動をとらえるための標準的な質問紙である。質問紙調査の対象である小学3年生から6年生の子どもの保護者，多良間島では31名，東京都では75名がこの質問紙に回答した（表8-2）。

　結果は，多良間島と東京都での問題行動や向社会性の得点で統計的にまったく差異はなかった。また，Matsuishiら（2008）のわが国における標準値として示された値を基準として，何らかのニーズがあると評価される子どもの人数を比較したところ，①情緒の問題：多良間島6名（19%），東京都12名（16%），②行為の問題：多良間島4名（12%），東京都7名（9%），③多動・不注意の問題：多良間島5名（16%），東京都11名（15%），④仲間関係の問題：多良間島6名（19%），東京都15名（20%），⑤向社会性の問題：多良間島

8名(19%),東京都19名(25%)で統計的な差異はなかった。つまり,多良間島の子どもたちには,東京都やその他の調査と比べて,行動や社会性の問題があるとはいえないという結果であった。

3節　多良間島でのソーシャルネットワーク研究の寄与

　PARTや自尊感情,社会性についての調査が明らかにしたように,多良間島の子どもたちは,幼い時に子どもをアタッチメント対象とする割合が多く,年長になると家族という共同体をアタッチメント対象とすることもあり,自分が大切にされているという感情を強くもっていたことが特徴的であった。多良間島の人々は,「この島では親子関係は弱い」とおっしゃることが多い。親は農作業に忙しく,子どもをかまう暇がないからだという。それでは,親と安定したアタッチメント関係を結べず,社会性の発達に不利をもたらしているかというと,今回の研究から,そういったことはまったくないことが明らかになった。

　多良間島での子どもたちのソーシャルネットワークを見ると,親や祖父母という縦のつながりだけでなく,子ども同士という横のつながりの重要性が浮かびあがってくる。しかも,子ども同士のつながりは,単に遊び仲間としてではなく,アタッチメントやコンパニオンシップ,情報求め(社会化)といったさまざまな機能を果たすのである。とりわけ,アタッチメントについて,従来のアタッチメント研究では特定のアタッチメント対象との点と点でのつながりが重要視されてきたが,多良間島では家族集団や子ども集団というコミュニティ自体が安全基地となっている可能性がある。つまり,いわば「面としてのアタッチメント」が多良間島でのアタッチメントの特徴といえるのである。また,そうした「面としてのアタッチメント」に支えられて子どもたちの自尊感情が高くなっているとも考えられる。これは,従来のアタッチメント概念の再考を迫るものである。なぜなら,アタッチメント理論は,子どもと特定の対象との二者関係を前提としているからである。

　さらに,さまざまな機能をもつソーシャルネットワークについて,大人との縦の関係をとっても,父母と子どもという点と点のつながりではなく,家族と

いう祖父母やきょうだいを含むひとまとまりとしてつながりをもち，同じように子ども集団も幅広い年齢を含み，単純に横の関係とはいえないところがある。つまり，子どもと特定の個人が点と点でつながっているのではなく，縦横斜めの重層的な関係が面として子どもとつながっているのである。この様相は，根ケ山・河原（2011）の沖縄離島における保育園児の降園場面の観察にも現れている。沖縄離島では家庭と保育園は点と点でつながっているのではなく，その両者を含む面の中で豊かな対人ネットワークを形成し，降園中もそのなかを動き回るのである。ソーシャルネットワークについても個人と個人のつながりという発想ではなく，集団やコミュニティという面との関係として見直す必要があるといえる。

　このように多良間島と東京都では，子どもたちのソーシャルネットワークは異なる様相を見せるのであるが，子どもたちの社会性や問題行動の出現に大きな差異はなかった。多良間島のようにコミュニティ全体が面として子どもを支える養育システムであっても，そうではない養育システムで示されているのと同じように子どもの社会性の健全な発達は保障され，自尊感情や子ども同士のつながりという点では，むしろうまくいっているといえるのである。こうした結果をふまえると，発達研究は都市部を中心に核家族を対象として進められ，そこでの育児の価値観を前提にその成果が世の中に喧伝されてきたが，それでいいのかという疑問が生じてくる。多良間島での研究は，従来の発達研究を見直すよい機会を与えているものといえるだろう。

引用文献

Ahnert, L., Pinquart, M. & Lamb, M. E. (2006). Security of children's relationships with nonparental care providers: A meta-analysis. *Child Development*, 77, 664-679.

青島朋子（2008）．教師編・自尊感情尺度．児童心理6月号臨時増刊，*62*，129-135．

Bowlby, J. (1951). *Maternal care and mental health*. World Health Organization. 黒田実郎（訳）（1967）．乳幼児の精神衛生．岩崎学術出版．

Bowlby, J. (1969/1982). *Attachment and loss : Vol.1 Attachment*. New York: Basic. 黒田実郎・大羽康・岡田洋子・黒田聖一（訳）（1991）．母子関係の理論（I）愛着行動．岩崎学術出版．

Cassidy, J. (1988). Child-mother attachment and the self in six-year-olds. *Child development, 59*, 121-134.

Goodman, R. (1997). The strength and difficulties questionnaire: A research note. *Journal of Child Psychology and Psychiatry, 38*, 581-586.

Lewis, M. (1982). The social network model. In T. M. Field, A. Huston, H. C. Quary, L. Troll & G. E. Finley (Eds.), *Review of human development* (pp.180-214). New York: Wiley.

Lewis, M. (2005). The child and its family: The social network model. *Human Development, 48*, 8-27.

Mesman J., van IJzendoorn, M. H. & Sagi-Schwartz, A. (2016). Cross-cultural patterns of attachment: Universal and contextual dimensions. In J. Cassidy & P. R. Shaver (Eds.), *Handbook of attachment: Theory, research, and clinical applications* (pp.852-877). New York: The Guildford Press.

Matsuishi,T., Nagano, M., Araki, Y., Tanaka, Y., Iwasaki, M., Yamashita,Y., … Kakuma, T. (2008). Scale properties of the Japanese version of the Strength and Difficulties Questionnaire (SDQ) study of infant and school children in community samples. *Brain and Development, 30*, 410-415.

中尾達馬・村上達也（2016）．児童期中期におけるアタッチメントの安定性を測定する試み：カーンズ・セキュリティ・スケール（KSS）の日本語版作成．発達心理学研究，27, 72-82.

根ケ山光一・河原紀子（2011）．沖縄離島と関東における保育園児の行動比較：1．降園場面．日本保育学会第64回大会ポスター発表．

Otto, H. & Keller, H. (2014). *Different faces of attachment: Cultural variation on a universal human need.* Cambridge, UK: Cambridge University Press.

嶋田洋徳・戸ヶ崎泰子・岡安孝弘・坂野雄二（1996）．児童の社会的スキル獲得による心理的ストレス軽減の効果．行動療法研究，22, 9-20.

Takahashi, K. (1974). Development of dependency among female adolescents and young adults. *Japanese Psychological Research, 16*, 179-185.

高橋惠子（1978-2000）．絵画愛情関係テストの手引き（未公刊）

Trevarthen, C. & Aitken, K. J. (2001). Infant intersubjectivity: Research, theory and clinical applications. *Journal of Child Psychology and Psychiatry, 42*, 3-48.

van IJzendoorn, M. H., Sagi, A. & Lambermon, M. W. E. (1992). The multiple caretaker paradox: Data from Holland and Israel. In R. C. Pianta (Ed.) Beyond the parent: The role of other adult in children's lives. *New Directions for Child development, 57*, 5-24.

| 8章へのコメント
| ソーシャル・ネットワークをどうとらえるか

高橋惠子

　守姉の習慣があったという多良間島は，アロマザリングのあり方やその状況が子どもの人間関係や精神発達にどのような影響を与えるかを知るうえで，きわめて貴重なフィールドだといえよう。近藤らの論文は稀有な環境での貴重な報告である。近藤氏らはこのデータでソーシャル・ネットワークについて述べ，加えて，愛着理論に示唆するところは何かを論じている。私はソーシャル・ネットワーク理論の立場からのコメントを試みる。

愛着理論 vs. ソーシャル・ネットワーク理論

　ヒトの子どもがアロマザリングの中で生きているという事実をどのように理論化するかが，ソーシャル・ネットワーク理論の立場の研究者の課題である。議論の直接の相手は，当然ながら，母子の二者関係に強いこだわりを見せる愛着理論である。私たちは国際学会で何度かシンポジウムを計画し，その成果の一つが *Human Development* 誌の特集 Beyond the dyad: Conceptualization of social networks (Lewis & Takahashi, 2005) である。これは愛着の概念を明確にするとともに，両理論が何を問題にしているかを論じたものである。なお，ソーシャル・ネットワーク理論は愛着を排除するものではなく，愛着を含めた親しい人々との関係を記述しようとするものである。

　近藤氏らは論文の中で，愛着理論の根本的な部分（e.g., 母親重視，モノトロピー仮説）が修正されてきたこと，社会が変わると愛着の内容も変わりうること，愛着理論は「子どもと特定のだれかとの二者関係を問題にしてきた」ことなどに言及したうえで，ソーシャル・ネットワーク理論に注目され，多良間島でデータを集められた。

ソーシャル・ネットワークの理論化

　しかし，残念なことに，近藤氏らがソーシャル・ネットワーク理論そのものにどのような関心をもたれたのかは，明らかにされていない。近藤氏らは，多良間島と都会の2群の子どもが，それぞれの心理的機能（たとえば，アタッチメント，コンパニオンシップ）を，誰に向けているかを見て，挙げられた人の比率に差があるかを検討することで，多良間島での発達の特徴を明らかにしよ

うとした。つまり，ひとつずつの心理的機能について，2群の子どもの「二者関係」に注目し，挙げられた人物の比率を比較しているのである。子どもが他者を求めているという意味では"ソーシャル"ではある。

　しかし，これではソーシャル・ネットワーク理論が問題にしているソーシャル・ネットワークをとらえたとはいえない。ソーシャル・ネットワーク理論では，人間関係のネットワークは「二者関係」をばらばらに集めてもとらえきれないと考えるのである。近藤氏らが指摘したように子どもは数種の重要な他者をもっている。しかし，一人の他者はひとつの心理的機能しか果たさないというわけではない。それぞれの成員は，いくつかの心理的機能を濃淡をつけて割り振られている。したがって，ネットワークの成員は互いに関連をもち，全体として，子どもの安心・安全を支えるネットワークをつくっている。つまり，ソーシャル・ネットワーク理論では，それぞれの人間（幼児も例外ではない）は各自の固有のネットワークをもっているという事実に注目しているのである。

　私は人間関係のコアの部分——愛情の要求を充足するという，人間関係のもっとも中心的な部分——の仕組みについて理論化し，これを測定するためにPART[注1]を作成した。これが，近藤氏らが使われたPARTであるが，この研究ではかなりの変形が加えられたようで，実際はどのような測度になったのかは明らかではない。

ソーシャル・ネットワークの実相

　PARTで調べると，幼児といえども自分にとって重要な数人の他者を選び，それぞれの心理的機能を，それをもっともよく充たしてほしい人に割りあてて，各自が固有の人間関係の枠組みをつくっている。興味深いことに，また，それがソーシャル・ネットワークと呼ぶ所以でもあるのだが，上述のように，子どもはそれぞれの心理的機能のすべてをある一人に割り振らずに，一部を別の人に割り振っていることが多い。そして，その人物は同時に別の機能を割り振られていて，さらに別の人物と他の機能を分担しているというように，選択された成員が互いに関連しているネットワークを形成していると理解できる。このような明確なネットワークの表象をもったときに，子どもは何か事がおこれば「心理的機能の〇〇については××が支援してくれる」とわかってい

るので安心できる。そして，ある機能には２番手や時には３番手が決まっていることが多いので，１番手が近くにいなくてもリスクが避けられる。つまり，ソーシャル・ネットワークができているために，人間は安心・安全が得られると考えるのである。

「面としてのアタッチメント」はありうるか

近藤氏らは多良間島の子どもの愛着の特徴は家族集団や子ども集団というような"集団"が安全地帯になっているとして「面としてのアタッチメント」がありうるとしている。これは興味深い仮説である。しかし，集団に愛着要求の充足を期待することで，子どもが真に安心・安全を確保できる状態になれると結論づけるには，さらなる証拠が必要だと思われる。

この研究では家族，血縁，仲間などの集団の内容が明らかにされていない。親として父母が区別されていないことも気になる。つまり，この研究では集団しか問題にしていないというべきではないか。家族や血縁の中で個々のメンバーが識別されていないとは考えにくい。愛着の心理的機能が他者に生命や心の安寧を保証してもらうことだとすると，それが"集団の誰か"であってもよいかという問題である。私の資料では，ネットワークの複数の成員は，本人にとっての重要さについてヒエラルキーをなしていて，中核にあって愛着要求を向けられているのは少数の特定の個人である。心的エネルギーの効率を考えたとき，愛着の対象としては，少数の信頼できる人を決めていることがより心理的に経済的であり，そのほうがいざというときのリスクを低める意味で合理的でもあろう。いざというときのリスクを低めるのが愛着の対象だと考えると，近藤氏らのいう「面としてのアタッチメント」説には，少なくともこの研究で提示された資料のみでは，与できないのである。

注１）PART の図版はホームページ（http://www.keiko-takahashi.com/PART.htm）からダウンロードして使える。使用の際には，著作権の点から図版や内容に変更を加えることは避けていただきたい。なお，使い方や関連する資料は文献（高橋，2010）を参照していただきたい。

引用文献

Lewis, M. & Takahashi, K. (Eds.) (2005). Beyond the dyad: Conceptualization of social networks. *Human Development, 48*, 1-2合冊号. 高橋惠子（監訳）(2008). 愛着からソーシャル・ネットワークへ──発達心理学の新展開. 新曜社.

高橋惠子（2010）. 人間関係の心理学──愛情のネットワークの生涯発達. 東京大学出版会.

2部・小括

点のみのネットワークと面状に広がるネットワーク
宮内　洋

　「守姉」が中心テーマであった1部を受け，2部ではその守姉という慣習の土台となっている社会的ネットワークが主要なテーマであった。つまり外山が1部の小括で述べたように，「守姉は，守姉の属する社会的ネットワークに守子を組み入れていくことであり，同時に，守子の属する社会的ネットワークに守姉が組み込まれていくこと」であり，このような多良間島の子育てを支えている多良間島内の豊かな社会的ネットワークを，2部では多角的に分析した。

　それでは，その2部「豊かで多様なネットワークのなかにある子どもの育ち」について，まずは本書の各章ごとに振り返りたい。

　はじめに，5章「保育所の食事場面にみる子どもと大人」についてである。5章の主な舞台は保育所であり，対象となるのは園児と保育士の両者である。5章において述べられているように，多良間島の子どもたちのほぼ100％が3歳の時点では保育所に預けられている。この保育所に預けられている子どもたちの食事場面に注目したのが5章である。端的には，多良間島の保育所の食事（給食）場面，正確には昼食の場面を東京都内の保育所と比較し，子どもと大人の関係を「衛生」という側面から分析している。

　具体的には，「きれいなものと汚いもの」や「食べられるものと食べられないもの」という境界線は，人間関係の質によって揺れ動くと5章を執筆した外山はいう。つまり，「親しい関係のなかでは「汚い」ことが汚くなくなり，「食べられる」ものの範囲が広くなる」（傍点は引用者）という仮説から，多良間島と東京都を比較し，双方の子どもと大人の関係の違いを明らかにしている。結果としては，多良間島ではスプーン等の人工物を介さずに，保育士の手から直接に子どもたちの口へと食物が運ばれることが多かった。ここから外山は，保育士が入所前から子どもを知っていて，子どもの家族とも顔見知りの関係である多良間島のほうが，「家庭に近い食事」が展開されているかもしれないと説明している。この点は，多良間島の住民が「家族的」な関係であることを示す一端となっているだろう。

次に，6章「幼稚園児の生活：降園後の行動を中心に」についてである。6章は，幼稚園児を対象としながら，その幼稚園から降園以降の行動に焦点をあてている。直前の5章の主な舞台は保育所であり，対象は保育所に預けられている園児とその保育をおこなう保育士であり，焦点があてられるのは保育所内での食事場面であった。この6章は，幼稚園に通園する園児を対象に，幼稚園生活ではなく，降園後の行動について描かれている。

日本国内の多くの地域においては，保育所と幼稚園は並行関係にある。就学前までの子どもたちは大きく二つに分けられるだろう。保育所に預けられる子どもと幼稚園に通園する子どもである。しかし，本書の舞台となる多良間島では異なる。もう一度繰り返しておこう。多良間島においては，養育者の日中の仕事があるかないかにかかわらず，子どもたちの多くは保育所に預けられ，そして修学にいたるまでの途中で，子どもたちは保育所から幼稚園へと移行するのである。つまり，多良間島の子どもたちは，小学校就学前の2年間は必ず幼稚園に通園することになるのである。このことは多良間島にかぎったことではなく，沖縄県内では保育所から幼稚園への移行はそれほど珍しいことではない。換言すれば，沖縄県内では公立幼稚園は義務教育の一環のようにとらえられているのである。このことによって，沖縄県は，幼稚園就園率が47都道府県別では常にトップであり続けるのだろう。

まずは，他都道府県の都市部とは異なる舞台背景をあらためて説明した。直前の5章では，保育所内における食事場面の分析がおこなわれたが，この6章における幼稚園児の昼食は，園内での「お弁当の日」を除き，園児たちは自宅ないし祖父母（おじい，おばあ）の家で食べることになる。つまり，島内で働く家族は昼休みの時間帯に一斉に帰宅し，家族全員で昼食を一緒に食べるのである。なんと贅沢な時間であろうか。職場と自宅がかけ離れた都市部では，このような一家団欒の昼食などは考えられないであろう。

一家団欒の昼食の後に大人たちは再び仕事場に戻っていく。すると，自宅やその近辺にいるのは，園児たちのみとなる。結果的に，子どものみの時間帯が出現するわけである。6章ではこの子どもだけの時間帯を中心に見ていった。すると，昼食後の子どもたちはアポイントメントをとったうえでの計画に基づいた行動ではなく，自由気ままな行動，いわば偶発的行動が連なり，次々と新

たな行動が生み出されていくように見えた。しかし，子どもたちのみの「自由気ままな世界」が出現しているわけではなかった。子どもたちの偶発的行動の連鎖の背後には，さまざまな仕事等に従事しながらも，子どもたちを遠くから見守っている島の大人たちのまなざしがあることもまた浮かび上がる。この点から都市部を逆照射してみると，自らの子ども以外の子どもたちを見守る物理的・精神的な余力がないために，多良間島の子どもたちのような偶発的行動の連鎖などが，都市部の子どもたちには許されなくなっていると考えられる。

　次に，7章「就学前の子どもの対人的かかわり」についてである。「はじめて多良間島を訪れたときの衝撃はいまも忘れることができない。」と語る7章の著者である小島は，その独自の調査方法で多良間島の子どもたちの姿をとらえていく。その結果として，「都市部の子どもの生活世界や対人関係が"点"であらわされ」，一方の多良間島の子どもの生活世界や対人関係は「時間と空間を横断した"面"状の広がりをもって展開している」と小島は説明する。

　小島はさまざまな調査から，都市部の特徴をあぶり出した。まず，就学前の子どもの対人関係は，親（とくに母親）に拠っているという。子どもたち同士での外出などはほぼ考えられず，家族以外の他者とはほぼ交流をもたないままであり，仮にそのような交流があったとしても，それは親が積極的にその機会を演出し，その関係を維持し続けなければならない。つまり，子どもの対人関係のカギを握っているのは，子ども自身ではなく，親であることを小島は指摘している。その後，つまり就学後の子どもの対人関係は，上記のような狭く細い関係から一気に広がる。子どもたちは親とは離れ，学校の中で多くの時間を多くの子どもたちと過ごす。そこでは，同学年との関係が中心となり，異年齢における親密なかかわりあいは難しい状況にある。たとえ一気に対人関係の幅が広がったとはいえ，異年齢にまで親密な関係は広がりはしないのである。一方で，小島の目には「衝撃」として映った多良間島の状況はどうだろうか。都市部とは異なり，「あらゆる場所が多様な人々に開かれ，そのことが人間関係の豊かさを生み出しているのがありありと見てとれる」と小島は述べる。

　上記の都市部と対比させていくと，前6章ともかかわるが，多良間島における就学前の子どもの対人関係は，都市部のように親に拠るわけではない。子どもたちの多くは一人で外出し，親の意思とは関係なく，子ども同士で遊び，親

密な関係を築いていく。子どもの人間関係は，子ども本人によって，島内ならばどこまでも広げることは可能なのである。その後，就学後の子どもの対人関係は，学校の中で多くの時間を多くの子どもたちと過ごしていることは都市部と変わらない。ただし，放課後には，赤ちゃんから高学年の児童までさまざまな年齢の子どもが入り交じって遊ぶのが一般的である。小島が驚いたのは，多良間島の子どもたちが同級生の自宅だけではなく，赤ちゃんのいる家庭に遊びに行き，さらには赤ちゃんの兄姉ではない子どもたちが赤ちゃんを外に連れ出して遊びに行くということがあたりまえのように行われていたことだった。このような都市部では見られない子どもたちの対人関係が7章では描かれた。

　最後に，8章「幼稚園児と小学生のソーシャルネットワーク」についてである。8章は，前5～7章とは研究手法が異なる。これまでの観察中心ではなく，心理学領域の質問紙などに基づいている。しかも，発達心理学においては中心ともいえる，国内外におけるアタッチメント研究の系譜に連ねている。

　その結果から，多良間島の子どもたちは幼少期には子どもをアタッチメント対象とする割合が多く，年長になると家族という共同体をアタッチメント対象とし，自分自身が大切にされているという感情を強くもっていたことを近藤と山口は明らかにした。これまでのアタッチメント研究では，特定のアタッチメント対象との点と点でのつながりが重視されてきたが，今回の研究結果からは，多良間島では家族集団や子ども集団というコミュニティ自体が安全基地となっている可能性があると近藤と山口はいう。このことから，多良間島における子どもたちのアタッチメントの特徴として，「面としてのアタッチメント」を提唱し，それは従来のアタッチメント概念の再考を迫るものであるとさえ述べる。さらに，多良間島におけるソーシャルネットワークについては，親と子どもという点と点のつながりではなく，「家族という祖父母やきょうだいを含むひとまとまりとしてつながりをもち，同じように子ども集団も幅広い年齢を含み，単純に横の関係とは言え」ず，「子どもと特定の個人が点と点でつながっているのではなく，縦横斜めの重層的な関係が面として子どもとつながっている」と指摘している。

　こうして，2部の5章から8章までを振り返ってみると，各々の研究手法や研究対象は異なっても，多良間島における同一の特徴を指摘している。すなわ

ち，それを 8 章のアタッチメント研究の文脈で述べるならば，都市部のように，子どもは「親」という一点のみをアタッチメント対象としてアタッチメントを形成していくのではなく（たとえ保育施設における保育者も含めたとしても，"点"であることに変わりはないだろう），多良間島における子どもは，特定の親のみならず，祖父母，きょうだい，さらには「守姉」も含む，同じ島の同年齢ないしは異年齢の子どもたちという，縦の関係のみならず，横そして斜めの関係まで含んだ重層的な関係の総体を「面としてのアタッチメント」対象としてアタッチメントを形成していくという特徴である。これは 5 章の多良間島における「家族的な関係」として説明できるであろうし，7 章の「時間と空間を横断した"面"状の広がりをもって展開している」多良間島の子どもの生活世界や対人関係としても説明できることだろう。

　多良間島のネットワークから都市部を逆照射するならば，面状に広がるネットワークとは対照的に，点としてわずかにつながる，狭く乏しい都市部のネットワークが浮かび上がってくる。7 章で小島が指摘していたように，都市部においては，子どものために，この狭く乏しいネットワークを超えた関係を創出し，さらにそれらを維持するためには親自身の「努力」が必要となるだろう。その努力の中には経済的負担も含まれよう。そうすると，多良間島のような「面状に広がるネットワーク」に類似する関係を都市部で維持できるのは，一定以上の経済的に裕福な層のみに限定されてしまう。一方で，多良間島においては，コストがほぼかからずに，ネットワークは面状に広がる。「一家団欒の贅沢な昼食」として 6 章で触れたが，都市部では手に入れることが困難である，豊かな時間も日常的に存在している。

　かなり乱暴に述べると，いま日本の子育ての問題として語られる大半は，この都市部における狭く乏しい"点"のみのネットワークに由来したことであろう。ここに多良間島の子育てを研究し続ける意味が今一度見出せる。しかし，すべての解決策が多良間島に準備されているとはいえない。都市部の狭く乏しいネットワークは，"人間関係の煩わしさ"を住民たちが切り捨てた側面もまた持ち合わせている。人間関係そのものに光と影の両面が存在していることは周知の事実であろう。多良間島における「面状に広がるネットワーク」の影の側面もまた存在しているはずである。この点は今後の課題といえよう。

3部
離島の子育てを見つめる視点がもたらすもの

八月踊り本番の舞台とそれをかぶりつきで鑑賞しながら
自然なかたちで伝統を引き継ぐ子どもたち

9章 社会・経済とアロマザリング

内田伸子

　本書の1部と2部で紹介された根ケ山氏を中心とした一連の研究の成果が，現代の子育てにもたらす示唆は，きわめて大きいと思われる。共同研究者たちは個々に多良間島に長期間住み込んだり数回にわたって滞在したりして，聞き取りや質問紙調査，参与観察などを通して，多良間島での子育ての現状をみつめ，また守姉という風習の歴史的変化を掘り下げ，子育ての本質を解き明かした。

　本章では，子育てと社会・経済の関係の視点から，根ケ山氏たちの多良間島でのアロマザリング研究の中心的な問いである「子育てにとって大切なものは何か」について論考し，根ケ山氏たちの提案する「共有する子育て」が可能かどうかを探りたい。

1節　根ケ山プロジェクトが照らし出した子育ての本質

(1)　「守姉」による伝統的アロマザリング

　本書の1部と2部は，根ケ山氏たちの長年のフィールド調査の結果から子育ての本質を照らし出している。現行の行政区分としては沖縄県宮古郡に属する南海の離島，多良間島で子ども同士や大人と子どもの関係を，聞き取りや行動観察などを通じてていねいに記録・分析し，成果をつきあわせて総括している。

　1章（根ケ山・石島・川田）では，伝統的な「守姉」による子育ては，単なる子守役の少女による乳幼児の世話という個人と個人の関係のみではなく，家族ぐるみの相互交流，さらに，守子の成長にともない，地域ぐるみの相互交流のネットワークに支えられていることが明らかにされている。撮影も用いた時系列分析からは，守姉が守子の発達に応じた適切な子守行動を示すことによって，守子が守姉をとりまく豊かな仲間関係に取り込まれていく過程が描き出さ

れている。守子の自生的な成長の力が，守姉の子守行動の質を変える鍵であり，守子と守姉の関係を血縁関係から非血縁関係へ，さらに地域ぐるみの子育てネットワークの拡大をもたらす動因となっている。

2章（白石・石島・根ケ山）では，守姉の語りから，母子が孤立しているような子育てとは無縁の風景が浮かびあがり，子どもが人々との重層的なかかわりの中で成長していく姿がいきいきと析出されている。

1972年，沖縄が本土に復帰してから，子どもをめぐる環境は多面的に大きく変貌した。沖縄に古くからあった守姉という子育ての風習も時代の変化の波にもまれて大きく変容し，多良間島の子育ては大きく変貌を遂げた。施設型の制度的アロマザリングへと緩やかに移行しつつある。

(2) 施設型の制度的アロマザリング

3章（川田）では，多良間島の子育てが制度的アロマザリングにとって代わられる歴史的過程を考察している。1979年に保育所が設置されてから，2000年代の保育所の姿へと子育ての変化が描き出されている。子育て文化は旧いものが新しいものに「相転移」するのではなく，行きつ戻りつを繰り返しながら緩やかに変化していく。「文化も生命システムの延長である以上，ホメオスタシスのような機能があるだろう。恒常性を維持しようと動きながら，それでも少しずつ変わっていく」(p.61)と，川田は文化変容のダイナミズムを描き出している。変わり続ける途上でも，多良間島の共有する子育ては脈々と生き続けている息づかいが伝わってくる。

4章（石島・白石・根ケ山）では，質問紙調査を行い，多良間島と東京との子ども像のちがいを析出している。多良間島は東京に比して子育ての手が多く，アロマザリングが行われやすい風土が根付いている。他者を信頼してわが子を託すことができる対人関係の土壌があり，地域全体で子育てを共有することが自然なこととして受けとめられている。都会の子育ての個人化・孤立化の傾向を変えるヒントが与えられている。

(3) 幼児期から児童期へ──ソーシャルネットワークの広がり

5章（外山）では，保育所での食事場面を観察し，食の営みから子どもと大

人との対人関係を明らかにすることによって，多良間島の大人が抱く子ども観を描き出している。子ども観とは「子どもにも社会の一員としての然るべき場所を与え，子どもの育つ力を信じて任せるという，島の大人たちの子どもに対する強い信頼（観）」（p.98）である。この子ども観は，アロマザリングの子育て（根ケ山・柏木，2010）を実践する基盤となるものであろう。

6章（宮内）では，就学前の子どもたちの幼稚園から帰宅後の生活を観察調査によって明らかにしている。都会の子どもたちに比べて，島の子どもたちは，なんと自由気ままに行動し，活き活き遊び，生活していることか。大人たちは，いわゆるヒヤリハットについても余裕をもってかまえている。子どもの事故やケガは「子ども（自身）の責任」であると考えている大人が少なくない（根ケ山，2012）。島では養育者も保育者も，折にふれて，子どもに危険に関する注意をさまざまな場で行っているという。このような大人のかかわりの中で子どもが危険に対して自律的に，適切に対応する力が育っているのであろう。都会の親たちの子どものケガに対する過剰な反応（場合によっては，加害者へのクレーマーと化してしまう親もいるが）とは，何というちがいであるのかが印象深い。

7章（小島）では，多良間島を訪れたときの衝撃を出発点として，都市部と島の人々の暮らし方や対人的かかわりについて観察比較調査を行い，子どもが暮らす空間と対人関係の広がり方のちがいを明らかにした。都市部では子どもは幼児教育施設と家庭という狭い空間に閉じ込められているが，島ではあらゆる場所が多様な人々に開かれていて人間関係の豊かさを生み出している。そこで，子どもを育む環境とは，「大人と子ども，そして，子ども同士の『互恵楽習（互いに助けたり助けられたりして共に成長する学びのこと）』が起こる空間」（内田，2018）であるといえるのではなかろうか。

8章（近藤・山口）では，多良間島と東京都の幼児と児童のソーシャルネットワークのちがいを「絵画愛情の関係のテスト（PART）―幼児版（PART-YC）と小学生版（PART-SC）」を用いて，個別面接によって比較した。なお，都会の核家族用に開発された原版の図版を多良間島の生活や文化，慣習などに適合するように，機能と対応を作り直して実施している。その結果，東京では家庭と保育園は点で結ばれ，それぞれの点に子どもが囲い込まれている

が，多良間島では家庭と保育園は連続する面の中で豊かな対人ネットワークを形成していることがわかった。この調査結果をふまえて，近藤と山口は「ソーシャルネットワークについても個人と個人のつながりという発想ではなく，集団やコミュニティという面との関係として見直す必要がある」(p.146)と述べている。この指摘は，個人と個人のつながりを明らかにしてきた「従来の発達研究を見直すよい機会を与えている」(p.146)もので，今後，ソーシャルネットワーク理論の再構築の契機にもなるであろうと期待される。

このように，1～8章では「子育て」が文化・社会・歴史・経済の変化とは切っても切れないものであることを示唆している。つまり，子どもの育ちを子どもの育つ生活域(ニッチ)でだけでなく，(文化・社会・歴史・経済・政治などの)生態的環境全体で暮らす子どもたちとの関係の中で，そして，子どもと大人の対人関係の中でまるごととらえることが必要であるという。研究者たちが「生活者」として島の暮らしに溶け込んで得られた数値データやグラフ，人々の語り(発話資料)からも，地域で共有する子育てとしてのアロマザリングこそが，よりよく子どもを育てることになることが示された。

かつてはアロマザリングの子育てが行われていたであろう都市での子育てはどのように変化したのだろうか。筆者が取り組んだ国際比較追跡調査や家庭訪問調査，ウェッブ調査のデータに基づき考察しよう。

2節　都市の子育ての問題

(1) 子育て個人化の時代

2008年に，筆者は子育てを応援する育児書『子育てに「もう遅い」はありません』(盛美堂出版)を上梓した。その後に得られた研究の成果も含めて，2014年に改訂版(冨山房インターナショナル)を出した。そのどちらにも，「子育てに悩むお母さんはご連絡ください」というメッセージとともに2000年から筆者がボランティアで開設している「ウェッブ子育て相談室」のアドレスを掲載した。

「ウェッブ子育て相談室」には年間延べ100件ほどの子育ての悩み相談が寄せられる。相談者は母親だけでなく，嫁や娘の子育てに疑問を感じる祖母という

場合もある。またクレーマーの保護者への対応を問い合わせてくる保育者（幼稚園教諭や保育士）から相談を受けることもある。それらの相談からは，今の子育てが親にとってますますたいへんになっている，子どもの数は減っていても（減っているからこそ）「失敗は許されない」という切迫感にとらわれて子育てしている人が増えている，と感じられる。

　筆者が子育てをした今から40年以上前には，子育てにはもう少しゆとりがあったと思う。筆者は出産前に，『スポック博士の育児書』（暮らしの手帖社，1966年）と松田道雄の『育児の百科』（岩波書店，1967年）を読んだ。

　前者には「赤ちゃんをベッドに入れ，たとえ，赤ちゃんの泣き声が聞こえても，部屋を出たら戻るな」と書かれてあったが，後者には，「抱かれることが赤ちゃんのよろこびだったらそれを与えたい」と正反対の記述があった。1969年に精神医学雑誌 Psychiatry に発表された，コーディルとヴァインシュタイン（Caudill & Weinstein, 1969）の日米の子育てのちがいについての論文を読んでみて，この記述のちがいがどこからくるのかがわかった。

　まず考えられるのは，子ども部屋にベビーベッドを置いて育てる米国の住宅事情と父母と川の字になって同じ部屋で眠る日本の住宅事情や生活習慣のちがいによる。しかし，さらに大きいのは日米の子ども観のちがいや親子関係についての考え方のちがいだと気づいた。子どもの自律性を育むことを第一の目標にしている米国では，子ども部屋に隔離して，赤ちゃんが泣いても部屋には戻らないことが推奨される。赤ちゃんをベッドに寝かせて眠らせると，母親は別室で家事をする。ところが日本では，母親はいつも子どもの傍にいて，赤ちゃんが眠ってもじっと寝顔をのぞき込んだり，寝ている赤ちゃんの肌着を直したりと世話をする。赤ちゃんをおんぶや抱っこしながら，家事もする。子育ては文化や社会，歴史，家庭の経済状況によっても異なるのだと悟った。

　1970年代の日本では働きながら子育てするのが難しかった。三歳児神話（3歳までは母親が常時家庭で子育てしなければ子どもの発達に悪影響が出るという説）が後押しし，保育所に預けてまで母親が就労することに抵抗があった。1980年代後半からバブル景気が到来し，母親の労働力が求められるようになった。時を同じくして，母親の早期の就労復帰とその後の子どもの問題行動には関連がみられないという三歳児神話に対抗する研究成果が次々発表され（菅

原, 2001；Gottfried & Gottfried, 1988, 佐々木訳, 1996など），母親が子どもを保育所に預けて就労することへの抵抗が減少した。1988年に，東京23区のうち，「保育ママさん（家庭的保育者）制度」を導入した足立区を除く22区の認可保育所が0歳児の受け入れを決定した。都市の保育所もこれに続いて産休明けから乳児を預かる保育所が増えていった。子育ては家庭内と幼児教育施設や塾へと囲い込まれ，教育だけでなくしつけもがアウトソーシングになるにともない，子育て個人化の時代へと進んだ。

(2) 子どもが忌避される時代

1980年代から農村部を除く地方都市でも，人々の暮らしは地域の絆に護られない（逆に，縛られない）状況になった。この頃から，地方にもコンビニや中食業（弁当屋）が増え，子どもの「個食」（一人食べ）や「孤食」（孤独に食事をする）が問題になる。

2008年のリーマンショック以後，経済格差が拡大した。家計を助けるため，母親もパートに出る。未熟練労働者の母親は夜中のコンビニやビル掃除などで低賃金に甘んじる。保育所が足りず，規制緩和により劣悪な環境の認可保育所が林立する。公園は駐車場や公共住宅（アパート）に替わる。保育所は児童公園のまわりのアパートの一室でも開所されるようになった（内田, 2017a）。これにともない，都市では赤ちゃんの泣き声がうるさいからと保育所設置に反対する住民運動すら起こる。子どもが忌避される時代が到来した。

(3) 児童虐待が急増した陰にある貧困問題

毎日のように子どもの虐待が報道されている。幼い子どもが心身ともに深い傷を負う虐待や養育放棄は年々増加を辿っている。厚生労働省が発表した平成29年度福祉行政報告例によると，2017年度（平成29年度）中に児童相談所が対応した養護相談のなかの児童虐待相談の対応件数は，133,778件であった。統計を取り始めた1990年度中の1,101件の121倍にも及んでいる。ところが虐待を理由に児童福祉施設に入所した子どもの人数は約5,000人で，1990年当時から変わっていない（厚生労働省虐待防止対策室，2017年速報値）。虐待を受けながら，避難できずにいる子どもたちは安全な居場所がなく怯えて暮らしている

のである。

　虐待の種類は，1990年代にはネグレクト（養育放棄や養育怠慢）が42％と最も高い割合を占めていたが，2017年度には，一見，普通に見える家庭で子どもへ虐待が行われており，不適切な養育や心理的虐待，教育虐待が虐待の58％も占めるようになった。1990年代には主な虐待者は実母が67％と最も高く，育児疲れや子育てに孤軍奮闘する母親が多かった。ところが，2017年度は父親（母親と同居する男性も含めて）による虐待が53％にまで増加した。父母が子育てに戸惑い，子どもに手をあげたり，口汚くののしったりして子どもを追い詰めている状況が浮かび上がってくる。その果てに，子どもが死んでしまうという事件も増加しているのである。

　虐待急増の背景には親の貧困そして子どもの貧困の問題がある（内田, 2017a）。0歳～18歳までの子育て世帯の年間所得の中央値を比べると，2009年度は691万円，2014年度は633万円，2017年度は504万円と，年々減少の一途を辿り，ゆとりのない生活の中で子育てしている家庭が増え続けている。親の貧困が進むなか，子どもへの不適切な養育も増え続けているのである。

3節　親の貧困は子どもの育ちや学びに影を落とす

(1)　家庭の経済事情は子どもの学力とどのように関連するか

　親の貧困が進むなか子どもの学力格差も拡大している。家庭の経済事情は，子育ての仕方や子どもの学力にどのような関係をもっているのであろうか。この問題を明らかにするために，国際比較縦断追跡調査を実施した（内田・浜野, 2012）。

　読み書き得点や語彙得点は，家庭の所得やしつけスタイル，保育形態などのどの要因と関連（相関）するかを明らかにするため，関連する要因を統制して共分散構造分析にかけた。その結果，読み書き能力や語彙得点は家庭の所得との関連はなかったが，しつけスタイルと高い関連があることが見出された。語彙得点が高い子どもは，「共有型しつけ」を受けており，語彙得点が低い子どもは，「強制的しつけ」を受けていることが明らかになった（内田ほか, 2010；内田・浜野, 2012）。

「共有型しつけ」とは，子どもを一人の人格をもった存在として尊重し，子どもとのふれあいや会話が多く，楽しい経験を子どもと共有しようとするしつけ方である。家庭の所得の高低にかかわらず，共有型しつけをしている家庭には蔵書も多く，親も本好きで乳児期から子どもに絵本の読み聞かせをしていた。

　「強制型しつけ」とは，"子どもは白紙で生まれてくる，だから，子どもをしつけるのは親の役目"，"自分の思い通りに子どもを育てたい"，"子どもが言うことを聞かなければ罰を与えるのは当然"，"口で言い聞かせてもわからないなら「力のしつけ（たたく・なぐる）」もいとわない""子どもが親の言うことをきかなければわかるまでガミガミと責め立てる"というかかわり方をする親によるもので，低所得層にも高所得層にもみられる。しかも，家庭の収入によってしつけのスタイルが読み書き能力や語彙得点に異なる影響を与えている。すなわち，高所得層で強制型しつけを受けた子どもの読み書きや語彙得点が低い。

　幼児調査に参加した5歳児を小学校1年の3学期まで追跡し，PISA型読解力テスト（国語学力テスト）を受けてもらった。その結果，幼児期の読み書き能力と語彙得点は小学校のPISA型読解力と因果関係のあることが明らかになった（内田ほか, 2011；内田・浜野, 2012）。

　幼児期の家庭の所得は，小学校1年の国語学力や語彙力とは関連しないが，しつけスタイルや保育形態は学力と因果関係が検出された。すなわち幼児期に共有型しつけを受けた子どもの国語学力や語彙力は高く，逆に，幼児期に強制型しつけを受けた子どもの国語学力や語彙力は低くなる。また一斉保育で文字指導や計算，体操などを教えられている子どもよりも自発的な活動や遊びを大事にしている「子ども中心の保育」（自由保育）を受けた子どもの学力が高くなり，語彙得点も高くなった。

　家庭の収入や早期教育への投資額にかかわらず，家族が読書好きであり，幼児期から読み聞かせを行い，子どもとの会話を楽しみ，家族団欒を大事にする家庭の雰囲気の中で，子どもの語彙は豊かになり，論理力を中心とした考える力も育っていくのであろう。家庭でも，保育園・幼稚園でも，子どもを大人と対等な人格をもつ存在として尊重する雰囲気のなかで子どもの認知発達や社会

性の発達が促されるのであろう。

(2) しつけスタイルのちがいは母子のコミュニケーションにどのように影響するか

共有型と強制型で親子のコミュニケーションにどのようなちがいがあるかを明らかにするため家庭訪問による観察調査を実施した。調査協力者は首都圏の子育て中の家庭，世帯年収900万円以上で，母親は高学歴（大卒か大学院修了者）の専業主婦で，しつけスタイルにおいてのみ異なる共有型・強制型各30組，合計60組の母子（男女半々）がブロックパズル課題や絵本を読み聞かせる場面を観察録画した（内田・浜野, 2012）。

共有型しつけをする親は子どもに考える余地を与えるような「洗練コード」（elaborated code）で語りかけ，3つのＨ（ほめる・はげます・ひろげる）のことばかけによる情緒的サポートが与えられていた。一方，強制型しつけの親は禁止や命令が多く，「制限コード」（restricted code）で大人の思い通りに子どもを動かそうとする。また情緒的サポートは与えず，3Ｈのことばかけも皆無であった。

共有型しつけでは，母親は子どもに考える余地を与えるような援助的なサポートを与えていた。母親は子どもに敏感で，子どもの様子を見ながら絵本を読み進めていく。パズルブロック課題を解決しているときには，母親は子どもを見守り，子どもが困ったときにだけヒントや足場（scaffolding；Vygotsky, 1932/1968；Bruner, 1981）をかけている。どちらの場面でも母親は自分から話しかけるのではなく子どもの発話や行動に共感的に応じていたのである。この母親のかかわり方に呼応して，子どもは主体的に探索したり，自分で考え工夫してなんとか解決策を探しだし自力で解決しようとしていた。子どもは自分自身でやりとげられたという達成感や満足感を味わっているようであった。このような体験が蓄積されるうちに，子どもの自律的社会性や自律的思考力が育まれていくのであろう。

(3) 子育てを問い直す──「子ども中心の保育」と「共有型しつけ」のススメ

共有型しつけで育った子どもと強制型しつけで育った子どもはどんな大人に

なるであろうか。乳幼児期のしつけは成人期での社会的成功を約束するであろうか。この疑問を解くため，首都圏で23〜28歳の成人の息子や娘を2，3人育てた家庭2,000世帯を抽出して，親は子どもの乳幼児期から児童期に何に配慮して子育てをしたか，ウェッブ調査を実施した（内田, 2014, 2017a, 2017b, 2017c）。

受験偏差値68以上の難関大学・学部を卒業して難関試験（司法試験や国家公務員試験，調査官試験，医師国家試験など）を突破した息子・娘をもつ親は，「子どもと一緒に遊び，子どもの趣味や好きなことに集中して取り組ませた」と答えた。また絵本の読み聞かせも十分に行っていた。また，どのように子どもに接していたかを尋ねると，子どもとの触れ合いを大切に親子で楽しい経験を共有する「共有型しつけ」をした親が多かったのである。

では，どうして子どもの主体性を尊重する子ども中心の保育や共有型しつけが，大人になるまで影響を与えるのであろうか。保育者や親が子どもの自発性・内発性を大事にして，子どもが熱中して遊ぶのを認め，「おもしろそうだね」と共感し，3つのH（ほめる・はげます・ひろげる）のことばをかける。大好きな親にほめられるとうれしさや達成感は倍加する。小さな成功経験を積み重ねるうちに，自信や自尊心が育まれる。難題に直面しても，「自分は今度もきっと乗り越えられる」という気持ちがわきあがり，レジリエンス（ストレスを克服する精神的回復力）や挑戦力もわいてくるのであろう。

以上から，子どもの学力格差の原因は親の子育てや保育の仕方にあることが明らかになった。子どもの主体性を大事にする育て方や保育の仕方が子どもの自律的思考力や拡散的思考力（PISA型学力基盤力）を育み，学習意欲を育てる鍵になるのである。家庭では共有型しつけを，保育形態は「子ども中心の保育」で，子どもの主体的な遊びを大事にしていただきたい。五官を働かせる遊びを通して，子ども自身が自律的に考え，判断し，工夫する力が発揮され，探究心が育まれるのである。

おわりに：多良間島の研究からの示唆

根ケ山プロジェクトは地域で共有する子育てとしてのアロマザリングこそが，子どもがよりよく育ち，地域共同体の担い手になることを説得的に明らか

にした。筆者らの調査でも，共有型しつけのもとで，子どもの育ちや学び，探究する力が育まれることを明らかにした。筆者らの大都市での調査では，子どもの生活空間は幼児教育施設と家庭という狭い空間に閉じ込められている。しかし，多良間島では「同居している父母やきょうだいだけでなく，近所に住む祖父母やおじ，おば，いとこを含めた血縁すべてが『家族』として不可分の一体ととらえられ，特定の誰がというわけではなくソーシャルネットワークの重要な位置を占めている」(近藤・山口, p.141)。子育ては血縁だけでなく多様な人々に開かれていて人間関係の豊かさを生み出しているのである。共有する子育てを通して，子育てを共有する仲間たち——親はもちろん，きょうだいや守姉，隣近所の人々も——子どもが生活する地域共同体の全体が互恵的に学びあい，成長しているのである。この壮大な物語からわれわれが学ぶべき点は，大都市の子育てを家庭と幼児教育施設内に囲い込まず，地域社会に拓き，地域共同体全体で「共有する子育て」を取り戻すべき時がきたという点である。

　子育てを地域・社会で共有するために，ニュージーランドの乳幼児保育施設では，保護者や地域の高齢者，技術をもつ専門家たちに保育助手として保育を手伝ってもらう仕組みがある（大橋ほか, 2018）。乳幼児保育施設は地域共同体の知の拠点であり，地域の大人たちがみんなで子育てする場でもある。そのような仕組みを日本でもつくることはできないであろうか。親も含めて地域の大人たちが子どもと接することで，子どもを見る目が相対化され，子育てが地域に拓かれる可能性が生まれるはずである。大都市でも，多良間島のような「共有する子育て」に取り組むことが期待できるのではあるまいか。

引用文献

Bruner, J. (1981). *The process education*. Cambridge, Massachusetts: MIT Press.

Caudill, W. & Weinstein, H. (1969). Maternal care and infant behavior in Japan and America. *Psychiatry, 32*, 12-45.

Gottfried, A. E. & Gottfried, A. W. (1988). *Maternal employment and children's development*. New York: Plenum Publishing Corporation. 佐々木保行（訳）(1996). 母親の就労と子どもの発達——縦断的研究. ブレーン出版.

厚生労働省（2018）．平成29年度福祉行政報告例の概況（平成30年11月21日公表）．
https://www.mhlw.go.jp/toukei/saikin/hw/gyousei/17/dl/gaikyo.pdf

根ケ山光一・柏木惠子（編著）（2010）．人の子育ての進化と文化――アロマザリングの役割を考える．有斐閣．

根ケ山光一（2012）．アロマザリングの島の子どもたち．新曜社．

大橋節子・内田伸子・上田敏丈・中原朋生（2018）．ニュージーランド保育関係者は2017年テ・ファリキ改訂をどのように捉えたか．チャイルド・サイエンス，16号，41-46．

菅原ますみ（2001）．3歳児神話を検証するⅡ――育児の現場から．日本赤ちゃん学会第1回学術集会シンポジウム2（話題提供）．

内田伸子（2008）．子育てに「もう遅い」はありません――心と脳の科学からわかる親が本当にすべきこと．成美堂出版．

内田伸子（2014）．子育てに「もう遅い」はありません〔改訂〕．冨山房インターナショナル．

内田伸子（2017a）．子どもの貧困と学力格差．学術の動向，22巻 No.10，24-28．

内田伸子（2017b）．発達の心理――ことばの獲得と学び．サイエンス社．

内田伸子（2017c）．子どもの見ている世界――誕生から6歳までの「子育て・親育ち」．春秋社．

内田伸子（2018）．子どもを育む環境：互恵楽習が起こる空間――発達心理学からみた「空間情報」．THE JOURNAL OF SURVEY 測量（土木学会誌），2018：12, 2-7．

内田伸子・浜野隆（編著）（2012）．世界の子育て格差――子どもの貧困は超えられるか．金子書房．

内田伸子・李基淑・周念麗・朱家雄・浜野隆・後藤紀子（2010）．幼児のリテラシー習得に及ぼす社会文化的要因の影響――日本（東京）・韓国（ソウル）・中国（上海）比較データブック．お茶の水女子大学・ベネッセ共同研究報告書 No.Ⅰ．

内田伸子・李基淑・周念麗・朱家雄・浜野隆・後藤紀子（2011）．幼児期から学力格差は始まるか――しつけスタイルは経済格差要因を凌駕し得るか――【児童期追跡調査】日本（東京）・韓国（ソウル）・中国（上海）比較データブック．お茶の水女子大学・ベネッセ共同研究報告書 No.Ⅱ．

Vygotsky, L. S. 柴田義松（訳）（1932/1968）．思考と言語．明治図書．

10章 子育て文化とアロマザリング

陳　省仁

はじめに

　人間社会の歴史において子育てをしない社会は存在しなかった。太古から人間社会の子育ての担い手は親だけ，いわんや母親だけだったこともなかった。そういう意味で，人間社会の子育てはすべてアロマザリング（アロペアレンティング）である。本章では，文化としての子育てを一つの持続するシステムとして考え，そのシステムを持続させる要素として，「育てられる者」の声がけ，注視，抱き，愛撫などの養育行動と「育てる者」の注視，泣き・発声，後追いなどの愛着行動が相互に交わされる「身体的経験と記憶」を共有し伝承していくという養育性形成の過程の重要性を指摘する。そして，多良間島の「守姉」をこの視点から考察する。最後に，現代日本社会において衰退の一途に向かっている伝統的子育て文化を再生する道のヒントを探ってみる。

1節　子育ては文化

　文化とは「ある組織された集団や社会あるいは国家の成員たちが，彼らの社会的および自然環境と相互交渉を行うときの方式を規定する情報の体系のこと」と定義すれば（Penguin Dictionary of Psychology 4th edition, 2009），人間社会の子育ての営みは文化そのものである。日本社会の子育て文化は独特の特徴をもつ有形の人工物（たとえば，いずめ，歩行器，麻模様の布オムツ，ねんねこ半纏など）および無形の思考，信念，習慣体系（たとえば，子宝思想，食い初め，七五三，「七つまでは神の内」など）で構成されている。この定義に対応する独自の有形・無形の文化をもつかどうかは不明だが，多良間島の子育ての慣行である「守姉」は2018年の時点で存在する日本の子育て文化の一つの形といえよう。ただし，島に保育所や幼稚園の出現する以前と以後を比べれば，多良間島の守姉は消えつつあるといわざるを得ない。1960年代までの日本

の伝統的子育て文化の形から見れば，島に現存する守姉の風習はその残影であり，いつまで現在の形が存続するかを予測することは困難である。保育所や幼稚園という形の島のもう一つのアロマザリングがそのうちに守姉に取って代わっていくとみられているようだが，その後の島にどのような子育て文化が形成されるか，さらに果たして形成されるかどうかさえ未知である。

2節　子育ての問題の今昔

かつて子育ては育児人類学や民俗学の関係者の関心を引く以外には，それほど目立ったテーマではなかったようである。近年とくに少子化が問題になってから，さまざまな子育て様式や子育て支援の話題が広く社会科学の各分野で議論されるようになった。欧米の人類学の分野においても戦後アメリカの文化人類学の研究テーマの一つとして，幼少期に受けた経験と後の人格形成との関係の解明という文脈で育児に注目し始めたようである。なかでもミード（Mead, M.）の南太平洋諸島についての研究や，ワイティング夫妻とその弟子たちが世界各地で行った子どもの発達に関する比較文化研究は最も有名である。しかし，これらの研究において，子どもの発達に関するいくつかの側面が取り上げられたが，今日のような「子育ての問題」という議論は，ほとんどないようである。

妊娠（受精）と出産までの親と子の営みは多くの生物に見られるが，子どもをしつけながら育てるのは生物進化上の創発的現象としての文化を有する人間社会特有のものと考える。子どもを長い時間をかけて育てることは容易ではなく，養育者と子どもの身体・精神の健康や互いの行動の適応などに何らかの問題が生じるのはほとんどやむを得ない。個のレベルでの困難や問題は「子育て問題」とは呼ばないが，ある地域・集団や階級あるいは時代のレベルでの困難や問題は避けて通れない子育ての宿命といってもいい。たとえば，江戸時代における貧困と人口過剰に起因する子殺しや間引きの多発は，当時の多くの「子育ての書」で警告が発せられ，その風習や発生を止めようとしたことからもうかがえる（山住・中江, 1976）。また，戦後の日本社会の子育て不安を反映して米国の小児科医・スポック博士の育児書をはじめ多くの育児書が流行した。

それは都市化のなかでの伝統的子育て環境の変化と喪失に起因する子どもの扱い方への迷いを示唆する。しかし，この30年来の少子化から生じ，ますます悪化する子育て問題は，努力すればある程度解決可能な問題ではなく，伝統的子育ての営み自体が成り立たなくなるという新たな今日的問題である。

　つい最近までは，時代や地域あるいは社会の階層の違いによって，養育者が子どもを育てるときにそれぞれが異なった「問題」を突きつけられることはあった。けれども子育て自体が存続できなくなるということが問題にされたことはなかったと思われる。たとえ急激な社会変動や戦争，難民危機によって当該社会の子育てがさまざまな困難に直面しても，子育ての存立がとくに問題ではなかった。少なくとも子育て自体が成り立たなくなる，あるいは養育者が子育てだけに不安を抱えるというふうには表面化されなかったように思われる。

　一方，現代日本社会において，子育ての問題，とくに少子化によって引き起こされた子育てのさまざまな問題の解決に，ヒントを求めようとする問題意識が急に出現したように思われる。しかしながら，子育てや少子化の問題，そして最近では待機児童や保育士不足・保育士の求人難のような子育ての「二次的問題」の浮上で，何が本質的問題で何が派生された問題かを理論的・論理的に分類と整理をしなければ，本来の問題の解決どころか，問題はなんであるかさえ見え難くなっている感じがする。

3節　「発達のニッチ」（developmental niche）という概念

　ある社会あるいは時代の子育ての営みを把握するために，子どもの育ちのシステムを文化として，文化現象というレベルで議論する必要性があると考える。子育てに関する文化比較の視点からの研究は，とくに第二次世界大戦後アメリカの文化人類学者が世界各地で行った「親子の相互交渉」，「子どもの発達」あるいは「子どもの訓練」（child training）などをテーマとする多くの研究で散見するが，子育てのシステムを問題にする研究には寡聞にして出会ったことがない（Spindler, 1980；岩田, 1985）。これまでの子育てについての人類学的，心理学的研究は子育てのある側面，たとえば，その歴史，親子・きょうだい関係の変化，しつけ，育児の習慣，子育てに関する信念，通過儀礼などを

取り上げることがあっても，一つの制度としての子育てシステムの持続を問題にしたことはほとんどない。一般の人にとって，子育ての営みの存続はあたりまえのこととして疑われてこなかった。しかし，果たしてそうだろうか。

　スーパー（Super, C. M.）とハークネス（Harkness, S.）が1986年に提起した'developmental niche' という概念は文化の多様性を取り入れた人間発達，とくに子どもの発達研究をするためのはじめての理論的枠組みといえる（Super & Harkness, 1986）。筆者はかつてこの概念を「発達的ニッチ」あるいは「人間発達のニッチ」と訳して現代日本社会の子育てや「養育性形成」の問題の議論で紹介したことがある（陳，2006；2011, Chen, 2007）。

　スーパーとハークネスによれば，「発達のニッチ」は3つの要素で構成されている。①子どもが暮らしている物理的および社会的セッティング（たとえば，居住空間，玩具，道具など。以下，Pとする），②子育ての習慣（たとえば，添い寝や共浴など。以下，Cとする），および③養育者の心理・信念（たとえば，親の文化的信念体系，発達期待，価値体系など。以下，Bとする）である。「発達のニッチ」はすなわち本文でいう「子育てのシステム」である。スーパーとハークネスのこの概念的枠組みの主なねらいは，人間社会における異なる文化が子どもの発達をいかに構造化するかを明らかにするためのものであった。また彼らがその後に発表した研究は，主に環境要因がいかに家族を介して子どもの気質・情動制御・健康・栄養・疾病の結果をもたらすか，あるいは親の信念体系はどのように子育ての結果を左右するかを解明しようとするものである（たとえば，Harkness & Super, 1994；Harknessほか, 2007）。親の信念に関して，たとえばオランダの親の子育ての信念（いわゆる3R；休息（rust〈rest〉），規則（regelmaat〈regularity〉）と綺麗さ（reinheid〈cleanliness〉））がいかに子育てにおける子どもの生活リズムや感情制御の社会化に関連するかについての研究があった（Superほか，1996）。研究の視点からいえば，発達のニッチという概念的枠組みは子どもの発達を3つの側面（下位システム）に分けて文化間の比較を行うための装置であり，したがって，文化的営みとしての子育てのシステムの構造というよりも，ニッチの下位システムである特定の要素（たとえば上にあげた親の信念体系B）と子どもの発達の結果との関係の解明に重点が置かれるといえる。言い換えれば，著者らがこの概念を

提出する際には，この概念とその要素の分析的有用性が主眼である。一方，本章では「発達のニッチ」という概念を用いて，子育てが持続可能な文化のシステムとして存立するためにもう一つの第四の要素が不可欠であることを指摘する。言い換えれば，文化としての子育てシステムの発展や将来をもカバーするように，発達のニッチという概念の構造的周延性を補強する必要性を強調したいと考える。

4節　子育てシステムの持続可能性と養育性の形成

　スーパーとハークネスが提案した3つの要素で構成された「発達のニッチ」の理論的メリットが「その概念の下位要素が比較研究の際に役に立つこと」であるとするならば，3つの最も主要な要素が備わっていればそれで十分であり，システムの持続性は問題にならないであろう。しかし，「発達のニッチ」を文化としての子育てシステムに拡張するならば，システムの持続可能性の側面は不可欠であると考える。スーパーとハークネスの「発達のニッチ」を構成する3つの要素はそれぞれある程度の持続性がなければ成立しないはずであるが，著者らはこのモデルの「共時的」側面を強調し，時間や変遷の「通時的」側面を問題にしなかったといえる。要素の一つである親の信念（B）は家族や地域社会でその構成員間，とくに上の世代から下の世代への伝承によって形成・維持されるのである。子育ての物理的および社会的セッティング（P）の持続は何世代もの構成員による生態系や居住環境の維持と保全が前提となる。当然，要素（C）の子育ての習慣も家族と地域社会の構成員の持続的実践によって，形成・変化・修正・伝承されるのである。つまり，子育てのシステムには文化としての伝承の「通時的」あるいは「歴史的」な側面が重要なのである。

　すでに触れたが，文化は世代から世代へ伝承されていく無形の思想，信念体系，価値体系，習慣と知識以外に有形の物質的人工物をも含むのである。子育ての文化も例外ではない。無形の子育て文化の例として，さまざまな習慣・作法（たとえば，食い初め，水子供養），思想・価値観（たとえば，「七つまでは神の内」，子宝思想，「川の字に寝る」）などややもすれば現代の日本社会では

消失しつつある思想や思いがあげられる。一方，これも現在では民俗博物館にしか見ることはめったにない，いずめ，おんぶ帯，布オムツ，あるいは雪国のフゴミモッペ（股が割れていて排便に都合のいい幼児の服。柳田・三木, 1944, p.232を参照）などをその例とする有形の文化がある。しかし，子育て文化において，有形と無形の区分けは決して単純ではない。たとえば，わらべ歌や手遊び唄などは，含まれる特定の意念や思想と同時に歌詞やメロディそして手遊びの動作で構成される。前者は無形であるが，後者は表現されている間のメロディや歌の声および一連の身体的操作・所作という形がある。

現代日本社会において，1960年代の経済成長期にともなう発達のニッチの激変によって，子育て文化の要素「P」「C」と「B」のすべてに断絶といえる変化が起き，伝承されなくなった。ここでとくに指摘したいのは，年長の子どもが弟や妹の世話をするという習慣の消失である。遅くとも1970年代以降の大多数の日本人は思春期までの成長期において家族や地域の子育てに加担せずに大人になった。また，物理的地域社会の住居や家屋は今も健在だが，かつては存在していた家を出れば子どもの遊び場や子育てが展開された空間としての「向こう三軒両隣り」と呼ばれた地域社会の暮らしはほとんど消えた。この40〜50年来，スーパーとハークネスのいう「発達のニッチ」の激変の中で，とくに少子化や核家族化，加えて住宅高層化と地域社会の消失によって，多くの日本人は子どもや子育ての経験なしの「ぶっつけ本番」を子育てに強いられている。少子化と核家族化によって孤立させられてきた養育者が地域社会の消失によってさらに孤立させられる状況になる。多くの伝統社会に見られ，60年代までの日本社会にも存在していた幼少期に弟妹を世話する身体的経験と記憶が養育性形成の基礎をなしている。さらに，伝統的地域社会は決して完璧ではないが，ある数の子どもとその世話を助ける「養育者の見習い」の若者およびある程度の子育て経験が世代間で伝承されているニッチを共有して，成長世代の養育性形成が保障されるシステムを形成している。このようなシステムなら，子育ての文化は持続可能と考える。スーパーとハークネスの「発達のニッチ」概念を持続可能な文化としての子育てシステムに適用するために，養育性の形成の要素（Nとする）を付け加えることが必要である。

5節　アロマザリングと養育性の形成

　子育てが必要な動物において，アロマザリングは育児に必要なエネルギーや担い手を取得する手段の一つで，鳥類や哺乳類，霊長類に広く見られる。人間社会においても広く行われている（Hrdy, 2009；Weisner & Gallimore, 1977）。アロマザリングあるいはアロペアレンティングが「（母）親以外の育児」という意味で用いられる場合，これらの概念がカバーする範囲は広くかなりの曖昧さが残される。たとえば，ここでいう「育児」の担い手は誰か，育児される子どもやその親とどのような関係をもつか，そしてもっと重要な，どのような内容の子育てが行われるのかは不明である。本書で言及された「守姉」の主な育児行動の例として，「あやしや遊び」（1章 p.16），保護〔「服をもって危ないところに行かせない」（p.16），「手を広げて守る」（p.17）〕や「靴を履かせる」（p.19）があげられる。親による育児の内容と比べると，たとえば「沐浴」，「おむつ替え」，「泣きやぐずりのなだめ」あるいは「哺乳や離乳食を食べさせる」などの記述はなかったようである。このような意味で，守姉は60年代まで日本の各地で広く見られた弟妹の世話をする子育てと似ていて，基本的に担い手の主な役割は子どもの仲間（コンパニオン）になることである。

　最初は主に動物の繁殖戦略の進化を理解するためにつくられたアロマザリング（あるいはアロペアレンティング）という概念を人間社会に援用すれば，ほとんどの人間社会の子育て文化に適用できる。なぜなら，人間社会において，乳幼児の育ちは必ず親以外の人びとから援助を得ながら行われるからである。したがって，さまざまな条件の違いによって，異なった形態のアロマザリングの子育て文化が形成される。

　ワイスナーらが186の人間社会の乳幼児の育ちについて民族誌的資料を用いて指摘したきょうだい子育て（sibling caretaking）は伝統社会に広く見られるアロマザリングの一形態である（Weisner & Gallimore, 1977）。幼児が住居を別にする（場合によって遠距離の）祖父母や親戚の元に送られて数か月から数年の間親元から離れて暮らすという「寄養」の習慣は，一人っ子政策を施行する前の中国では広く行われたのである（He & Chen, 1997；陳, 1999）。また，近年までの日本で見られる数週間から数か月にわたって産婦と一緒に子どもの

祖父母の世話を受ける「里帰り出産」も一種のアロマザリングといえる（小林, 2010）。

　人間社会の子育てで見られるアロマザリングの形態は，たとえば20世紀初頭までのイギリス上流家庭の子育て（たとえば，ダーウィンの子どもたちの子守であるBessy Hardingやジョン・ボウルビィを4歳まで育てた乳母 Minnie。Keynes, 2001；Bowlby, 2004を参照）あるいは近代日本社会における養子の子育てなど枚挙にいとまがない。さらに，本書にも取り上げられたこの40〜50年来日本では数が大幅に増えた保育所での子育てもアロマザリングといえる。

　このように人間の子育ての文化にアロマザリングの概念の使用を拡大していけば，たとえば，昨今頻繁に使われる「子育て支援」とほぼ同意語になれば，この概念の理論的効用は消えてしまうのではないかという疑問がある。そこで，ある種の動物がなぜアロマザリングを行うかについての進化論的考え方の議論に戻ってこの概念の意義を考える。

　アロマザリングについての仮説の一つは「担い手が仔の世話を通して子育ての技術などを獲得することができ，担い手の後の子育てに有利である」という仮説がある（Fairbanks, 1990；Hrdy, 2009）。多良間島社会の子育て文化の一形態である守姉は本書の執筆者の多くの認識ではアロマザリングの一様式であるが，守姉の風習が守姉の心身の成長ひいては島のこれからの子育てにどのような影響があるのかは必ずしも研究されていないようである。たとえば，1章の根ケ山・石島・川田論文に対する箕浦のコメントは「守子が守姉に与える影響についての記述はない」（p.25）と指摘した。また，3章の川田論文において，多良間島のことわざを引きながら「子育ての手としての子ども」について論を展開しているが，「子育ての手としての子ども」が守姉の風習を通して島の子育て文化の持続と直接関係しているかどうかについての言及はなかった（pp.48-62）。上述した筆者の観点からいえば，守姉の風習を子育て文化としての持続可能なシステムとして考える場合には，養育性の形成という要因およびその過程を考えることが重要である。

　一方，川田が同論文で，多良間島の人口における「子ども－大人比，（A/C比）」の変遷を考察しながら「人口構成的には子育ての手にゆとりが生まれた時代である。しかし，子育ての手の質という面でみると，それまで確かな担い

手であったおばあちゃんやネエネエ（守姉）の存在感が薄れてきた」（p.60）とも指摘した。このことは，近年多良間島の子育ての手や子どもたちの養育性形成がこの伝統的子育てシステムを持続させるほどには伝承されていないことを意味するのではないか。少なくとも，そのように解釈できると思われる。

では，守姉の風習は島の人々に何ももたらさなかったかといえば，そうではない。

4章「大人がいだく子ども像」において，著者らは地域の背景を曖昧にしている「東京」と多良間島の比較でいくつかの違いを指摘した。とくにそれぞれの地域の「10歳頃の女の子」に対して大人が抱く子ども像に，多良間島に軍配を上げた項目を見出した（pp.73-76）。たとえば，子育てのことを「どれくらいできると思うか」や「（各種世話を）まかせられるか」は島の大人が東京の大人より高く評価したのである。さらに，「暗い－明るい」，「不活発な－活発な」，「弱々しい－たくましい」を含む11項目において，多良間の大人のほうが子どもによりポジティブなイメージを抱くのである。これらの結果の基礎には子育ての「育てる者」と「育てられる者」の間で生じる「身体的経験と記憶」があり，言い換えれば，本文で考えてきた「養育性の形成」の過程でそれらが伝承されたのではないかと推測する。

そうであるにもかかわらず現状として守姉が持続できず衰退の道に向かうのは，30年前に出現した保育所が重要な要因ではある。しかしそれだけではなく守姉における養育性形成過程を支えるほかの条件が島に欠けてきているのではないかと考える。将来保育所が島の新しい子育て文化として形成されるかどうかの疑問も発したが，「育てる者」と「育てられる者」との間の「身体的経験と記憶」の伝承とそれを支える条件が保障されるかどうかが，ひとつのカギになるであろう。

6節　養育性の形成とそれを持続させるシステム

筆者がいう養育性形成のシステムが果たして現代社会に存在するかについては，疑問もあると思う。私の管見ではアメリカ社会で広く見られるベビーシッターの制度はそのヒントを与えてくれるのではないかと思う。以下は筆者の考

えであるが，主旨は養育性形成のシステムの説明であり，理想化する部分があるとすれば，子育てシステムを持続可能な文化としてのモデルと考えるためのものであり，決して現実のアメリカ社会のベビーシッター制度を美化するものではないことをお断りしておく。

　ここで取り上げるベビーシッター制度の最初の起源は，1920年代における裕福なアメリカの都市郊外地域と考えられるが，ベビーブームが起きた戦後に都市近郊の一般中流家庭により広まった（Forman-Brunell, 2008；Hur, 2018）。ある札幌在住のアメリカ人留学生を対象とした面接調査によれば，平均年齢21.9歳の男女の対象者のうち70％がベビーシッターを自ら経験し，90％以上が幼児期にベビーシッターの世話を受けたことがあった。彼らによれば，ベビーシッターを始めた年齢は13～14歳が最も多く，ベビーシッターをした年齢は14～16歳が最も多く，対象者の60％が週1回，対象者の50％が1回3～5時間のベビーシッターを勤め，報酬として時給8～12ドルを受け取ったと報告した（川田, 2006）。

7節　養育性の形成と「赤ちゃん先生」

　現代のアメリカ社会の子育て事情は居住地域や社会階層などによって一概にはいえないと思うが，その普及度からいえば，ベビーシッターはアメリカ社会において持続している一つの制度といっても差し支えないと思う。だからといって，ベビーシッター制度によってアメリカ人の養育性の形成は十分になされてきたという明白な証拠はないが，アメリカ社会における，少子化や乳幼児の子育ての不安といった問題は，現代の日本社会が直面しているこれらの問題の比ではないように思う。川田（2006, Kawada, 2010）では，アメリカのベビーシッターが持続可能なシステムになりうる理由として，以下のことが考えられる。

　1．ベビーシッターとして報酬が得られることで若者たちにとって大きな動機になる。

　2．多くの親が自分の子どもがベビーシッターになることを奨励する傾向がある。なぜなら，子どもがベビーシッターとして働くことによって親たちの職

場や地域社会の交流にメリットがあると考えられる。さらに，子どものベビーシッター経験は将来の子育てに役に立つ可能性がある。

　3．乳幼児の養育者がベビーシッターを雇うことで自分の時間を獲得できる。

　これらの要因が互いに促進し支え合うことによってベビーシッターシステムが成立し，アメリカ社会の子育て文化の柱の一つとして持続すると考えられる（川田, 2006；Kawada, 2010）。

　少子化と子育て文化の衰退に直面している現代の日本社会に一筋の希望を放っているのは，1章に対する箕浦のコメントに紹介された神戸で発祥した「赤ちゃん先生」であると感じた。つまり，学校教育で，定期的に，頻繁に，児童と地域の乳幼児母子ペアとの直接の交流を通して，子どもの発達，子育てのたいへんさと楽しさを成長期の若者に自ら体験してもらうという方法である（pp.26-27）。これは1996年にメアリー・ゴルドン（Mary Gordon）がカナダのトロントで始めた'Roots of Empathy'という小学生向けの乳幼児発達と情動発達に関する体験型の無償のプログラム（詳しくは同名のインターネットウェブを参照）と同じ趣旨のものである。いずれも子育てにおける養育性の形成過程，とくに育てる者から育てられる者への世代間の「身体的経験と記憶」の伝承をめざすものと思われる。

引用文献

Bowlby, R. (2004). *Fifty years of attachment theory*. London: Karnac (Books).

陳省仁（1999）．「寄養」から見た現代中国社会の家族と子育て．東洋・柏木惠子（編）社会と家族の心理学（pp.14-22）．ミネルヴァ書房．

陳省仁（2006）．歴史・文化の中の人間発達．氏家達夫・陳省仁（編著）基礎発達心理学（pp.20-32）．放送大学教育振興会．

Chen, S.-J. (2007). The changes in developmental niche: Nurturance formation in young people in Japan. *RCCCD (Hokkaido University) Annual Report*, No. 29, 25-33.

陳省仁（2011）．養育性の発達．氏家達夫・陳省仁（編著）発達心理学概論（pp.14-163）．放送大学教育振興会．

Fairbanks, L. (1990). Reciprocal benefits of allomothering for female vervet monkeys. *Ani-*

mal Behavior, 40, 553-562.

Forman-Brunell, M. (2008). *Babysitter: An American history*. New York: NYU Press.

Harkness, S. & Super, C. (1994). The developmental niche: A theoretical framework for analyzing the household production of health. *Social Science and Medicine, 38*(2), 217-226.

Harkness, S., Super, C., Moscadino, U., Rha, J.-H., Blom, M. J. M., Huitrón, B., et al. (2007). Cultural models and developmental agendas: Implications for arousal and self regulation in early infancy. *Journal of Developmental Processes, 1*(2), 5-39.

He, D. & Chen, S.-J. (1997). "Jiyang": long-term nonparental child rearing in China. *RCCCD (Hokkaido University) Annual Report*, No. 20, 75-79.

Hrdy, S. B. (2009). *Mothers and others: The evolutionary origins of mutual understanding*. Cambridge, Mass.: The Belknap Press.

Hur, Johnson (2018). History of babysitting. https://bebusinessed.com/history/history-of-babysitting/　2018年12月24日閲覧

岩田慶治（1985）．子ども文化の原像.日本放送出版協会.

川田望（2006）．「ベビーシッター」を通してみる今日の日本の子育て．北海道大学教育学部卒業論文（平成17年度）．

Kawada, N. (2010). A case study of teenage babysitting in the United States. *RCCCD (Hokkaido University) Annual Report*, No. 30, 23-37.

Keynes, R. (2001). *Annies box: Charles Darwin, his daughter and human evolution*. London: Fouth Estate.

小林由希子（2010）．出産前後の里帰りにおける実母の援助と母子関係・母性の発達．日本助産学会誌, 24(1), 28-39.

Reber, A. S., Allen, R. & Reber, E. S. (Eds.) (2009). *Penguin Dictionary of Psychology*, 4th edition. London: Penguin Books.

Spindler, G. D. (Ed.) (1980). *The Making of Psychological Anthropology*. Berkeley and Los Angeles: University of California Press.

Super, C. & Harkness, S. (1986). The developmental niche: A conceptualization at the interface of child and culture. *International Journal of Behavior and Development, 9*, 545-569.

Super, C., Harkness, S., van Tijen, N., van der Vlugt, E., Dykstra, J. & Fintelman, M. (1996). The three R's of Dutch child rearing and the socialization of infant arousal. In S. Harkness & C. M. Super (Eds.), *Parents' cultural belief systems: Their origins, expressions, and consequences* (pp.447-466). New York: Guilford Press.

柳田国男・三木茂（1944）．雪国の民俗．養徳社．

Weisner, T. S. & Gallimore, R. (1977). My brother's keeper: Child and sibling caretaking.

Current Anthropology, 18(2), 169-190.
山住正己・中江和恵（編注）(1976). 子育ての書 1 (pp.34-42). 平凡社.

あとがき

　この本は，私が研究代表者を務めた科研費研究〔2013～2015年度文部科学省科学研究費補助金基盤研究（B）（研究課題番号25285186）「離島におけるアロマザリングの総合的研究：守姉の風習を中心に」〕の成果が基盤となっている。そこで一緒に研究をしてきた仲間のそれぞれ個性ある文章と，それに対する一流の先生方の貴重なコメントを読ませていただき，この多良間島という小さな離島のなかで展開されてきた子どもたちの世界がいかに豊かで示唆に富むものか，またそれを研究することがいかに有意義であるかをあらためて実感させられている。

　ここで描き出されているものの一つひとつはそれぞれが多良間島の子どもたちや子育ての断面ではあるが，しかしながらそれを重ね合わせてみると，多良間っ子の姿が「立体」として立ち現れてくる。研究の遂行にはそれなりの苦労もあったが，その成果がこのような形になったこの機会に，研究を受け入れてくださった多良間島の島民の皆様に，研究者を代表してあらためて感謝の意を表したい。

　ここで私なりに，この本のどこがユニークなのかを考察してみたい。まずなんといっても，多良間島という離島の守姉という独特の風習，およびそれを可能にする島の多様な子育てネットワークに光を当てたということがあろう。そこでは親子という二者関係を越えた「地域」が息づいている。家庭に留まらず，隣近所や保育園，幼稚園，学校といった施設も含めたネットワークのなかに子どもを位置づけ，広がりのなかで子どもが育つ姿をとらえることができた。子どもは適切な物理的・社会的環境が用意されれば，地域のなかでかくもたくましく，ある意味で大人と伍して，自律的・主体的に生きる生き物であったかという事実の再認識である。

　多良間島の子育てに学ぶとは，今の都市部の子育て環境が失ったものを眼前に再現することでもあった。それは半世紀前までは，都市部でも普通に見られていた子どもの育ちと大人と子どもの共生の姿であり，地域と子育ての関連という問題への問いかけの糸口となるものである。子どもは大人に守られ育てら

れるだけの受動的存在ではなく，地域のなかにあって大人に積極的に働きかけ大人を変容させる存在でもある。そういった子どもの姿は，今後もさらに追究すべきテーマであろう。

　それと同時に，この本のなかで描かれているのは，多良間島の子育ての「いま，ここ」に至るまでの足跡である。多良間島では，1972年に沖縄が本土復帰して以降，生活様式が急速に本土化されてきた。子育てもその大きなうねりのなかにある。島には，復帰前の子育て事情をよく知り，あるいは今と異なる環境で子育てを実体験した高齢者が多数おられる。その人たちは，自身が多良間島で子ども時代を経験し，本土復帰後の環境の激変をくぐり，今また孫世代の子育てを目の当たりにしてきた時代の「生き証人」である。この方々の記憶にある昔の多良間島の子育てや生活の様子，それらの変化のさま，あるいはそれをふまえた子育て観の変遷の情報は，今聞き取りをして記録にとどめておかなければ，早晩永遠に失われてしまう。ちょうど私たちが自分たちの子育ての変化について，書きとどめることをしてこなかったのと同じように。

　島の高齢者が実践した子育ては，今の若い世代の子育てとは異なるものであったかもしれない。しかしながら私たちが見てきた多良間島の人たちの子どもを見るまなざしや子どもに対するかかわり，また子どもと大人とのふれあい方には，時を超えて脈々と息づき続けている多良間島独特の大人と子どもの共生の風土も感じとられた。当然のことではあるが，今の多良間島の子育てには，島が遭遇した環境の激変にもかかわらず昔から変わらない部分と，時代の波とともに大きく変貌してきた部分とが併存しているのであろう。守姉の風習は縮小もしくは変貌しつつあるように見えるが，守姉を可能にしてきた母子のゆるやかなつながりとそれを取り巻く地域のアロマザリングネットワークは，今も島に確固として息づいている。そのような子育ては，島の社会や文化，経済などのうねりのなかで，島の皆さんが自ら主体的に選択してこられたものにほかならない。

　多良間島で子育てのフィールドワークを行うとは，生活の営みの時代変化を下敷きにして，そのような子育ての主体的選択の変遷を理解することなのである。そのような大きな社会的枠組みから，多良間島のここ半世紀の大きな変革が島の異なる世代の人々にどのような力学を生じ，それが子育てに何をもたら

しているか，またその子育ての結果が後に島民の生活にどう影響するかを問うことは，今後に残された大きな課題である。島の環境の激変は，その作業を行ううえで大きな「補助線」となるであろう。

　離島であることは，人の出入りと入り交じりが少ないことを意味しており，それは島の伝統を守っていくという島民意識の高さにつながっているように思われる。事実多良間島の人たちは，島の宗教行事や伝統芸能をとても大事にし，誇りをもってそれを実践し，また次世代に受け伝えていこうとし，若い世代もそれを真剣に受け継いでいこうとしている。とはいえ島は外の世界と隔絶しているわけではなく，これからもさまざまな新しい考え方や事物が島に次々と流入してくるし，島の発展のためには，新たな産業や生活形態を島に積極的に取り込む動きも出てくるであろう。それにともなって，子育てにも今後当然いろんな新しい波が押し寄せるにちがいない。また高校進学とともに若者が島を出なくてはならないという事情は，好むと否とにかかわらず彼らを都会的生活に触れさせることとなり，それは島に新たな価値観が流入することにもつながる。今日多良間島では，人口減少が島民の生活に深刻な影を落とし，それにともなって子どもの数が減少しつつあることも，島の子育てに大きな影響をもたらしている。昨今の離島ブームは，本土から島への移入を増加させており，それは間違いなく新しい価値観を島にもたらしているであろう。

　このような現状にあって，島の人たちはこれから先どのように主体的な選択を行い，大人と子どもの共生としての子育てという営為の今後の姿はどのように変貌していくのだろうか。その問いの答えは，この研究にかかわってきた者が今後も多良間の人たちに寄りそいながら息長く研究を継続していくなかで，徐々に見えてくるものである。

　本書の最後にあたり，これまでの研究を統括してきた者として，それが地域という現場を研究フィールドとさせていただく者の課題と務めであるということを確認し，今後の研究の新たな展開に期待したい。

　2019年1月

編者を代表して　根ケ山光一

執筆者（＊は分担執筆章の第2執筆者あるいは第3執筆者）

根ケ山光一　ねがやま こういち　（序章・1章・2章＊・4章＊・あとがき）
　編者

石島このみ　いしじま このみ　（1章＊・2章＊・4章）
　東京家政大学子ども学部子ども支援学科助教

川田　学　かわた まなぶ　（1章＊・3章）
　北海道大学大学院教育学研究院附属子ども発達臨床研究センター准教授

白石優子　しらいし ゆうこ　（2章・4章＊）
　理化学研究所脳神経科学研究センター研究員

外山紀子　とやま のりこ　（1部小括・5章）
　編者

宮内　洋　みやうち ひろし　（6章・2部小括）
　編者

小島康生　こじま やすお　（7章）
　中京大学心理学部教授

近藤清美　こんどう きよみ　（8章）
　帝京大学文学部心理学科教授

山口　創　やまぐち はじめ　（8章＊）
　桜美林大学リベラルアーツ学群教授

内田伸子　うちだ のぶこ　（9章）
　十文字学園女子大学特任教授，お茶の水女子大学名誉教授

陳　省仁　ちん せいじん　（10章）
　光塩学園女子短期大学保育科教授，北海道大学名誉教授

箕浦康子　みのうら やすこ　（1章コメント）
　お茶の水女子大学名誉教授

落合恵美子　おちあい えみこ　（2章コメント）
　京都大学大学院文学研究科教授

金田利子　かねだ としこ　（3章コメント）
　東京国際福祉専門学校専任教員，静岡大学名誉教授

高田　明　　たかだ あきら　　（4章コメント）
　京都大学大学院アジア・アフリカ地域研究研究科准教授

今田純雄　　いまだ すみお　　（5章コメント）
　広島修道大学健康科学部教授

無藤　隆　　むとう たかし　　（6章コメント）
　白梅学園大学大学院特任教授

住田正樹　　すみだ まさき　　（7章コメント）
　放送大学名誉教授，九州大学名誉教授

高橋惠子　　たかはし けいこ　　（8章コメント）
　聖心女子大学名誉教授

（所属と肩書きは2019年2月現在のものです）

編　者

根ケ山光一　ねがやま　こういち
早稲田大学人間科学学術院教授
1973年大阪大学文学部哲学科卒業，1977年大阪大学大学院文学研究科博士課程中退。大阪大学助手，武庫川女子大学講師，早稲田大学助教授等を経て現職。その間，Edinburgh 大学，Toulouse 大学，Strathclyde 大学客員教授。専門は発達行動学。
主著に『アロマザリングの島の子どもたち——多良間島子別れフィールドノート』（単著，新曜社），『〈子別れ〉としての子育て』（単著，日本放送出版協会），『発達行動学の視座——〈個〉の自立発達の人間科学的探究』（単著，金子書房），『母性と父性の人間科学』（編著，コロナ社），『子どもと食——食育を超える』（共編著，東京大学出版会），『ヒトの子育ての進化と文化——アロマザリングの役割を考える』（共編著，有斐閣），『子別れの心理学——新しい親子関係像の提唱』（共編著，福村出版）ほか。

外山紀子　とやま　のりこ
早稲田大学人間科学学術院教授
1987年お茶の水女子大学家政学部児童学科卒業，1993年東京工業大学総合理工学研究科システム科学専攻博士課程修了，博士（学術博士）。津田塾大学専任講師，准教授，教授等を経て現職。専門は発達心理学。
主著に『発達としての〈共食〉——社会的な食のはじまり』（単著，新曜社），『心と身体の相互性に関する理解の発達』（単著，風間書房），『乳幼児は世界をどう理解しているか——実験で読み解く赤ちゃんと幼児の心』（共著，新曜社），『食をつなげる・食でつながる——八国山保育園の食』（共著，新曜社），『やさしい発達と学習』（共著，有斐閣），『若者たちの食卓——自己，家族，格差，そして社会』（共編著，ナカニシヤ出版），『生活のなかの発達——現場主義の発達心理学』（共編著，新曜社，近刊）ほか。

宮内　洋　みやうち　ひろし
群馬県立女子大学文学部教授
1990年，北海道大学教育学部卒業。1998年，北海道大学大学院教育学研究科博士後期課程単位修得退学。日本学術振興会特別研究員DC１，日本学術振興会特別研究員PD，札幌国際大学人文学部専任講師，高崎健康福祉大学短期大学部助教授，高崎健康福祉大学人間発達学部准教授を経て現職。
主著に『体験と経験のフィールドワーク』（単著，北大路書房），『あなたは当事者ではない——〈当事者〉をめぐる質的心理学研究』『〈当事者〉をめぐる社会学——調査での出会いを通して』（ともに共編著，北大路書房），『質的心理学講座第１巻　育ちと学びの生成』（分担執筆，東京大学出版会）など。

共有する子育て
沖縄多良間島のアロマザリングに学ぶ
2019年2月28日　初版第1刷発行　　　　検印省略

編　　者　　根ケ山光一

　　　　　　外山紀子

　　　　　　宮内　洋

発行者　　　金子紀子

発行所　　株式会社 金子書房
〒112-0012 東京都文京区大塚3-3-7
TEL 03-3941-0111（代）／FAX 03-3941-0163
振替 00180-9-103376
URL　http://www.kanekoshobo.co.jp

印刷／藤原印刷株式会社
製本／株式会社宮製本所

© Koichi Negayama, Noriko Toyama, Hiroshi Miyauchi, et al., 2019
ISBN978-4-7608-2424-3　　C3011　　Printed in Japan

金子書房の関連図書

発達行動学の視座
〈個〉の自立発達の人間科学的探究
根ケ山光一 著
定価　本体2,200円＋税

日本の親子
不安・怒りからあらたな関係の創造へ
平木典子・柏木惠子 編著
定価　本体2,600円＋税

縦断研究の挑戦
発達を理解するために
三宅和夫・高橋惠子 編著
定価　本体3,800円＋税

子どもの気質・パーソナリティの発達心理学
水野里恵 著
定価　本体1,800円＋税

認知発達研究の理論と方法
「私」の研究テーマとそのデザイン
矢野喜夫・岩田純一・落合正行 編著
定価　本体2,500円＋税

保育・教育に生かす
Origamiの認知心理学
丸山真名美 編著
定価　本体2,000円＋税

子どもの育ちと保育
環境・発達・かかわりを考える
牧野カツコ 編
定価　本体2,300円＋税

保育の仕事
子どもの育ちをみつめて
岩田純一 著
定価　本体1,800円＋税

子どもの社会的な心の発達
コミュニケーションのめばえと深まり
林　創 著
定価　本体2,200円＋税

どもる子どもとの対話
ナラティヴ・アプローチがひきだす物語る力
伊藤伸二・国重浩一 編著
定価　本体2,200円＋税